삼성, 유럽에서 어떻게 명품브랜드가 되었나?

유럽을 감동시킨 대한민국 최초의 문화 마케팅

삼성, 유럽에서 어떻게 명품브랜드가 되었나?

ⓒ김석필 2023

초판 1쇄 펴냄 2023년 8월 18일
초판 5쇄 펴냄 2023년 9월 1일

지은이 | 김석필
펴낸이 | 김종필
펴낸곳 | ㈜아트레이크ARTLAKE
인쇄 | 재영P&B

글 김석필
편집 김시경
디자인 전병준

등록 제2020-000231호 (2020년 10월 27일)
주소 서울시 강남구 테헤란로 4길 15 1501호
전화 (+82) 02 512 8116
홈페이지 www.artlake.co.kr
이메일 jpkim@artseei.com, artlake73@naver.com

ISBN 979-11-971843-4-5 03320

책값은 뒤표지에 적혀 있습니다.
파본은 본사나 구입하신 서점에서 교환하여 드립니다.

유럽을 감동시킨 대한민국 최초의 문화 마케팅

삼성,
유럽에서 어떻게
명품브랜드가 되었나?

김석필 지음

ARTLAKE

1990년대 주 영국대사관 재경관, 2000년대 중반 주 경제협력개발기구OECD 대한민국 대표부 대사를 역임하면서 우리나라 기업들, 기업인들이 유럽에서 고군분투하는 모습을 많이 접해왔다. 때로는 조언도 하고 물심양면으로 지원도 하면서 이들 기업인들이야말로 진정한 의미의 애국자라는 존경심도 느꼈다. 저자 역시 존경받아 마땅한 기업인 가운데 한 명이다. 유럽이라는 먼 나라, 낯선 나라들에서 삼성의 성공 신화와 성공 DNA를 심은 저자의 이야기는 많은 후배 기업인, 경영자, 학생 등 모든 이들에게 중요한 메시지를 던지고 있다. 특히 '문화 마케팅'을 핵심 키워드로 경영전략에 '기업 시민의식'과 '로컬화'를 강조한 저자의 혜안은 많은 독자들에게 의미 있는 인사이트를 줄 것이라 확신한다.

권태신
전국경제인연합회 전 상근부회장,
한국경제연구원 전 원장

김석필 대표가 오랜 유럽에서의 활동 경험을 바탕으로 매우 흥미진진한 책을 펴냈다. 저자는 특유의 창의적 아이디어와 날카로운 감성으로 남들이 쉽게 보지 못하고 생각지 못하는 것들을 찾아내고, 실제로 이를 현장에서 큰 성취로 이뤄낸 분이다. 이 책에는 삼성전자의 영국과 프랑스 법인장으로서, 그리고 유럽총괄 사장으로서 겪고 느낀 생생한 현장의 일화들이 담겨 있다. 향후 세계 시장에서 꿈을 펼칠 젊은이들이 유럽, 특히 영국과 프랑스의 특징, 역사, 예술, 스포츠, 음식 취향 등에 대한 생생한 정보를 접하고, 문화 마케팅 경험의 진수를 배울 수 있는 값진 기회가 될 것이다.

조윤제
전 주영대사, 전 주미대사

오늘의 삼성은 하루아침에 이루어지지 않았다. 사업보국의 신념으로 창업한 이병철 회장, 신경영으로 글로벌 경영을 펼친 이건희 회장, 두 분의 '시대를 앞서는 통찰력과 리더십'은 필요조건이었다. 여기에 '모든 삼성맨들의 헌신'이라는 충분조건이 있었기에 오늘날 삼성은 초일류 기업으로 성장해 우리 모두의 자랑이 되었다. 그러나 그 과정에서 삼성맨들이 마주쳤던 숱한 도전과 어려움, 그리고 그것을 어떻게 극복했는지는 자세히 알지 못해 못내 아쉽던 터였다. 그러던 중 이 글을 접하게 되니, 삼성이 유럽에서 거둔 성취와 그 과정은 물론 저자 개인의 고심과 성장 과정까지 자세히 들여다볼 수 있는 비밀의 문이 열리는 기분이다. 이 책에는 번뜩이는 아이디어, 긍정적 자세, 열정, 네트워크 구축 못지않게 저자의 땀내와 고심의 흔적 또한 가득하다. 저자가 수많은 도전에도 불구하고 삼성을 유럽에서 최고의 브랜드로 만들어낸 과정을 통해 많은 분들이 초일류 기업의 탄생 비법을 이해할 수 있으리라 믿는다. 아무쪼록 저자가 공유하는 사례들을 바탕으로 문화 마케팅의 가치와 기업의 사회적 책임을 공감하는 가운데 여러분들의 새로운 도전에 행운이 함께하길 바란다.

이명우

동원산업 부회장, 《적의 칼로 싸워라》 저자

삼성 글로벌화 과정의 한 축을 제대로 들여다볼 수 있는 책이다. 특히 상대적으로 정보나 자료가 많지 않았던 '유럽'에서의 활동과 모습을 선명하게 보여줘서 무척 반가웠다. 이 책을 통해 낯설고 물선 해외에서 '문화'를 통한 접근은 더딜 순 있지만 오래도록 지속 가능한 '유대'를 쌓는 주효한 전략임을 확인해볼 수 있을 것이다. 이 책을 디딤돌 삼아 더 많은 한국인과 기업이 세계 무대로 나아가 마음껏 기량을 펼칠 수 있기를 기대해본다. 특히 세계에서 활약할 기회가 더 많이, 더 길게 열려 있는 젊은 친구들에게 일독을 권한다.

송재용
서울대학교 경영대학 아모레퍼시픽 석학교수,
베스트셀러《삼성 웨이》저자

삼성전자를 유럽의 심장에서 초일류 반열로 끌어올린 '유럽 정복기'라고 해도 손색이 없다. 삼성전자 주재원에서 유럽총괄 사장까지 10년에 걸친 저자의 파리와 런던 체험기에는 그의 열정과 감성이 오롯이 녹아 있다. '변방의 삼성'을 유럽 시장에서 가장 선호하는 브랜드로 끌어올린 땀의 현장들이 소설처럼 펼쳐진다. '첼시 FC' '프랑스 미식' 등을 통한 문화 마케팅 전략은 생생한 실례와 함께 특별한 경험을 선사한다. 누군가 문화, 예술, 비즈니스에서 유럽의 마음을 사로잡으려는 꿈이 있다면, 실존적 자료로서 이 책에 담긴 풍부한 가치와 교훈을 좇아갈 필요가 있다.

고대훈

중앙일보 기자
전 중앙일보 파리특파원

조선일보 파리 특파원(2008~2011년)을 하며 삼성전자 김석필 전 부사장을 알게 됐다. 그를 통해 365일 내내 전력투구하는 삼성맨의 치열한 삶을 엿볼 수 있었다. 경이롭고, 존경스러웠다. 특히 그가 기획한 2010년 10월 프랑스 파리의 '뉘 블랑쉬 행사'는 파리 시민 200만 명을 순식간에 삼성 홍보맨으로 만드는 예술적 경지(?)의 마케팅 능력을 보여주었다. 창의적 문화·예술 마케팅으로 눈부신 성과를 낸 그의 노하우는 대한민국 산업계의 귀중한 지적 자산이 될 것이다.

김홍수
조선일보 논설위원

대한민국이 글로벌에 눈을 뜨기 시작한지 30년이다. 우리 국가의 글로벌화에 삼성의 역할은 지대하다. 전쟁같은 치열한 유럽시장에서 기업경영자가 어떻게 몸을 날려 세계 최고의 깃발을 꽂고, 어떻게 민간외교관 역할을 통해 국격에 기여했는가는 이 책을 보면 온몸으로 느끼게 될 것이다.

신태균

KAIST겸직교수, 前삼성인력개발원 부원장

세계 문화의 중심지인 유럽에서 스포츠, 예술, 미식 등의 문화를 통해 삼성을 명품 브랜드이자 초일류 기업으로 탈바꿈시킨 역사를 자세히 들여다볼 수 있었다. 사업을 이끌어가는 많은 경영인들이 이 책을 통해 폭넓고 다양한 사업적 접근을 생각해볼 수 있을 것이다. 적극 추천한다.

박현종

BHC그룹 회장

2022년 가을 노르웨이 오슬로에 있는 '뭉크' 미술관에 갔을 때의 사진을 저자에게 보낸 적이 있다. 그런데 그 뭉크 미술관 개관 때 삼성전자가 협업한 이야기를 들려주었다. 그때 '유럽에서 형님의 숨결이 안 닿은 곳이 어디일까?' 하고 생각했던 기억이 있다. 이 책은 첫 장을 여는 순간부터 마지막 장을 닫을 때까지 손을 뗄 수 없는 긴장감, 현장의 열기와 감동으로 가득하다. 이 책에서 다룬 다양한 사례는 많은 후배, 후학에게도 살아 있는 사례로 다가가 앞으로 더 멋진 세계적인 마케터들이 탄생하는 데 큰 밑거름이 되리라고 확신한다.

이장혁
고려대학교 경영대학 교수

1995년 프랑스에서 유학 생활을 하며 저자를 처음 만났다. 혼자 어렵게 고학을 하던 나와는 달리 가족까지 동반한 유학 생활을 삼성에서 전격적으로 지원해준다는 것을 알고 참 부러웠던 기억이 있다. 당시 가전제품 전문점에서 삼성 브랜드는 찾기 어렵거나 있더라도 진열대 최하단에 먼지를 뒤집어쓰고 있기 일쑤였다. 그랬던 삼성이 어느새 유럽의 명문 구단 첼시 FC를 후원하게 되었고, 아무도 모르던 브랜드에서 누구나 선망하는 브랜드가 되었다. 유럽의 전반적인 문화와 삼성의 DNA를 완벽하게 이해하고 이를 과감히 결합한 저자가 있었기에 가능했던 일이라 생각한다. 마케팅을 공부하는 학도들뿐만 아니라 글로벌 시장에 도전하고자 하는 이들이라면 저자의 치밀한 노력과 역발상이 어떻게 브랜드를 바꿀 수 있는지 흥미진진하게 따라가볼 수 있을 것이다. 아무쪼록 이 책을 통해 반짝이는 경영의 인사이트와 더불어 한 시대를 관통했던 저자의 멋진 위트도 느껴보길 바란다.

강성현
롯데마트 대표

감사의 글

이 책은 30년 넘게 삼성의 해외 사업현장에서 경험한 저의 이야기를 담고 있지만 많은 분들의 도움으로 완성되었습니다.

무엇보다 먼저, 현장에서 함께 좋은 아이디어를 내고 열정을 불태운 동료와 후배들, 뛰어난 혜안과 통찰력으로 큰 가르침을 주신 선배 경영자들, 인재제일의 정신으로 신입사원부터 최고경영자 과정까지 수많은 교육으로 성장시켜주시고 중요한 지역의 현장사령관으로 실전의 기회를 주신 회장님과 삼성에 대한 고마움은 평생을 간직하고 싶은 마음입니다.

이 책의 출간에 많은 관심과 물심양면의 지원을 아끼지 않으신 아트레이크 김종필 대표님과 박상순 시인, 김시경 편집장, 전병준 디자이너와 출판사 스태프들께 진심으로 감사를 드리며, 늘 곁에서 응원해 주시는 삼성전자 이인용 사장님, SNK 김부곤 회장님, 김도현 전 베트남 대사님, 포스텍 이상빈 교수님, 카이스트 신태균 교수님, 삼성의료원 방사익 교수님, 최인아 책방 대표님, DIGITAL X1 정우진 대표님, LG전자 오혜원 상무님 그리고 같이 일하는 비바체 벤처투자의 파트너님들과 정상철 대표, 이지연 팀장, 이 책이 나오면 새로운 도전을 위해 해외에 나가 있을 사랑하는 아들 유홍이와 아내에게 고마운 마음을 전합니다.

새로운 미래를 향하여

1985년 나는 삼성그룹에 입사했다. 그리고 입사 3년 뒤 주재원으로 외국에 나가 근무하게 되었다. 그 무렵 삼성은 통상 해외 주재원으로 기혼자를 내보냈는데, 1988년 나는 삼성전자에서 이례적으로 미혼 상태로 프랑스에 파견되어 삼성의 파리 지사 일을 했다. 1988년 서울 올림픽 때 잠시 한국에 들어와 1989년에 결혼을 했고, 유럽에서 약 6년간 삼성전자의 해외 주재원으로 근무했다.

프랑스에서 처음에 우리는 '리에종 오피스liaison office'라고 부르는 연락사무소 같은 형태로 시작해 지점을 열었고, 이후에 현지 유통회사에 소수 지분으로 참여해 합작법인을 만들었다. 그리고 그 지분을 100% 인수해서 마침내 삼성 법인으로 만들었다. 그런 과정을 거치며 유럽에서 근무하다 1993년 귀국했다.

글로벌 MBA 프로그램

1993년 삼성그룹에서는 이건희 회장의 신경영 전략이 시작되었다. "이제 양 위주의 의식, 체질, 제도, 관행에서 벗어나 질 위주로 철저히 변해야 한다", "마누라와 자식만 빼고 다 바꾸라"는 말로 널리 알려진 '신경영 선언'이다. 신경영의 실천 전략 가운데 하나가 국제화였다. 그리고 국제화의 여러 과제 가운데 '지역 전문가 프로그램'과 '글로벌 MBA 프로그램'이 있었다.

'지역 전문가 프로그램'은 일반사원이 대상이었다. 대리나 과장급 직원을 해외로 내보내서 1년간 현지에서 자유롭게 생활하는 가운데 국제 경험을 체득하게 하는 방식이었다. '글로벌 MBA 프로그램'은 중견 간부 중에서 미래 경영자로 양성할 인재를 선발해 세계적인 MBA 교육기관에서 교육받게 하는 것이었다. 간부 시절에 나는 이 프로그램에 선발되어 1996년 프랑스 파리의 '그랑제콜Grandes Écoles'에 입학했고, 2년의 과정을 마쳤다.

프랑스에서 그랑제콜은 일반적인 대학Université과 구분되는 특별한 소수정예의 고등 교육기관이다. 그때 미국으로 간 사람들은 하버드나 스탠퍼드 같은 명문 대학에 갔다. 나는 대학에서 프랑스어를 전공했기에 프랑스로 가게 되었다.

프랑스에서 MBA를 이수하는 2년간 꽤 파격적인 혜택이 주어졌다. 회사에서는 내 월급을 그대로 다 주었고, 학비와 현지 주거비, 생활비까지 부담했다. 나는 그저 공부만 하면 되었다. 내가 다닌 학교는 HEC^{Ecole des hautes etudes commerciales de Paris} 인데, 1881년에 설립된 경영대학원으로 프랑스 최고의 명문 학교였다.

당시 '글로벌 MBA 프로그램'은 '소시오^{Socio}/테크노^{Techno} MBA'로 나뉘었다. 이공계 출신은 테크노 MBA, 인문계 출신은 소시오 MBA로 구분해 선발했다. 선발 인원은 스무 명쯤이었고, 나는 그 프로그램이 시행된 두 번째 해에 선발되었다.

삼성의 국제화 '비밀 병기'

삼성에서 국제화를 위해 시행한 또 다른 하나로 '미래전략 그룹'도 있었는데, 신문 기사에 '삼성의 국제화와 비밀 병기'라고 언급되던 곳이다.

당시 신경영 방침에 따라 그룹의 모든 경영자들이 본격적으로 국제화를 실현해야 했지만, 곧바로 바뀔 수 있는 상황은 아니었다. 그래서 세계 최고 수준의 MBA 출신들을 스카우트해서 CEO의 전략 참모로 옆에 두는 방식을 계획했다. 하지만 외국에서 온 인재들이 언어와 문화 차이 등으로 인해 고립될 수도 있었다. 그래서 MBA 출신 외국인들을 한곳에 다 모아서 조직

화한 것이 바로 '미래전략 그룹'이었다. 그렇게 20~30명 정도로 구성된 '인하우스 컨설팅' 형태의 그룹이 조직되었다.

프랑스에서 MBA를 마친 나는 1997년 '미래전략 그룹'의 설립 구성원으로 들어갔다. 그 그룹에서 전자 분야의 프로젝트 매니저로 일했다. 삼성그룹 비서실에서 만든 조직이어서 거기에는 나처럼 삼성전자에서 온 사람도 있었고, 금융 사업부인 삼성생명에서 온 사람도 있었다. 나는 거기에서 삼성전자의 디지털 전략이나 세계화 전략 같은 미래형 프로젝트를 수행했다. 그렇게 미래전략 그룹에서 2003년 말까지 5년간 일했다.

유럽 시장에서 가장 선호하는 브랜드가 되다

2005년 1월 삼성전자의 영국 법인장으로 발령받아 2006년까지 런던에서 근무했다. 당시 유럽총괄 사장님께서 "자네는 배경이 프랑스이니 고향이 프랑스일세! 이제 고향으로 가야지!"라고 하셨는데, 2년 후 실제로 프랑스로 건너가게 되었다.

다음 해인 2007년부터 2010년까지 프랑스 법인장으로 파리에서 근무하면서 전 세계 삼성 법인 가운데 최초로 프랑스에서 휴대전화 시장점유율 1위를 달성했다. 아울러 삼성전자 주요 제품도 시장점유율 1위에 올랐고, 브랜드 지수 1위라는 성과도 올렸다.

프랑스 법인장으로서의 임기가 끝날 즈음 본사 인사 부서에서 연락이 왔다. 유럽총괄로 발령이 났다는 소식이었다. 영국에서 2년, 프랑스에서 4년간 있었던 터라 귀국해서 몇 년쯤 본사에서 근무하고 다시 나갈 줄 알았는데, "지금 상황이 급하니, 들어오지 말고 바로 영국으로 가라"는 별도의 연락을 받았다.

그래서 2011년부터 2013년까지 3년간 삼성전자의 유럽총괄을 맡아 '유럽 시장에서 가장 선호하는 브랜드' 1위와 삼성전자에서 최고 매출 성장을 이루어냈다. 이후에는 서울로 돌아와서 삼성전자의 마케팅 총책임자Chief Marketing Officer, CMO로 일했고 B2B 사업도 담당하며 동시에 두 가지 일을 맡게 되었다. 그전까지 마케팅 총책임자CMO는 대체로 외부에서 학자나 전문가를 영입해왔다. 빗대어 말하면 집토끼라고 할 수 있는 내부 인사에게는 잘 맡기지 않았는데, 내가 그 자리를 맡은 것은 이례적인 경우였다.

2015년에는 삼성전자의 무선사업부 전략마케팅 실장(삼성전자 부사장)이 되었다. 이 직책은 삼성전자에서 개발이나 생산 분야와 더불어 영업·마케팅을 총괄하는 자리였다. 이때 삼성전자의 휴대전화 매출액은 신기록을 달성했다. 그리고 얼마 뒤 건강상의 이유로 나는 그 자리에서 물러났다.

이후에 회사에서 나를 다시 불러서 삼성전자 글로벌 대관업무 그리고 삼성그룹의 마케팅 회사인 제일기획에서 2017년까지 글로벌 사업부문장을 지냈고, 2018년 말 삼성을 떠났다.

현재는 창업을 꿈꾸는 젊은이들, 특히 세계 시장에서 꿈을 펼치고자 하는 청년 창업가들을 발굴하고 펀딩 및 멘토링을 통해 지원해주는 일을 하고 있다.

새로운 미래를 다시 여는 도전

유럽에서 내가 집중적으로 시도했던 것을 한마디로 정리하자면 '문화 마케팅'이다. 그동안 삼성전자는 세계와 유럽을 장악했던 유명 기업들을 누르고 영국과 프랑스, 유럽 전역에서 당당히 1위의 자리로 올라섰다. 짧은 기간 동안 꽤 높은 성과를 달성한 것인데, 나는 그 과정에서 우리가 활발히 전개한 '문화 마케팅'이 나름 큰 역할을 했다고 생각한다.

특히, 우리가 시도한 마케팅은 '문화'를 중심으로 한 것이어서 인류의 정신적 가치, 역사와 예술, 삶을 더 풍요롭게 하는 생활 예술이나 스포츠, 엔터테인먼트까지 포괄하는 새로운 접근이었다. 아울러 글로벌 경영에서 나는 '기업 시민의식'을 바탕으로 '로컬화, 현지화' 전략을 강조했다. 요약하자면, 이 책에 담긴 이야기는 문화 마케팅을 통해 품격 있는 삶을 지향하는 프리미엄 브랜드, 사랑받는 브랜드를 향해 나아갔던 여정이며, 사회적 가치를 실현하는 기업 시민, 현지화를 통한 새로운 도전의 여정이다.

내가 쓴 글은 삼성의 직원으로서 겪은 여행이다. 좋은 일도 있고 위기도 있고 모험도 있고 성취도 있었으므로 하나의 오디세이다. 시간을 두고 내가 해온 일들을 보면 그것은 하나의 여행기이다. 그러므로 나의 이야기는 나와 비슷한 길을 걸을 후배들을 위한 여행안내서가 될 것이다. 여행안내서에는 두 가지가 있다. 하나는 열차 시간표와 박물관 등이 문을 여는 시간 그리고 맛집들의 정보를 깨알처럼 적어놓은 것이 있고, 다른 하나는 여행에서 느낀 감성을 적어서 그곳에 가고 싶은 마음을 갖게 하는 책이다. 나의 여행안내서는 후자에 가깝다.

나는 유럽에서 벌어진 삼성의 비즈니스 가운데 아주 일부분만을 쓸 수밖에 없다. 그것도 나의 경험에 대한 글이다. 다른 동료들이 이룬 수많은 사실까지 감히 모두 쓸 엄두를 낼 수도 없다. 그러나 나는 인상주의 화가가 한순간을 포착해서 사물의 특징을 그리는 것처럼 삼성의 유럽 비즈니스에 대한 말로 설명할 수 없는 그 어떤 느낌과 문화적 감수성을 전달할 것이다.

인간은 논리나 언어가 아닌 비언어적인 수단으로 소통을 하면서 감동을 받고 소비행위를 한다. 이런 감성적 요소는 비즈니스에서 매우 중요하지만, 어떤 논리만으로는 다 옮길 수 없기에 대부분 생략된다. 이런 이유로 나는 그냥 그것을 스케치한 것이다. 하지만 나의 불완전한 그림을 보고 나의 후배들이 새로운 화폭에 새로운 그림을 그리기를 바란다.

지금 우리 나라의 경제는 인구 절벽과 글로벌 경쟁의 압력으로 도전에 직면해 있다. 이것을 해결하는 방법은 글로벌 시장으로 나가는 것이다. 글로벌 시장 중에서 핵심적인 영역인 유럽 시장에서 성공하기 위해서 더 혁신적이고 아름다우면서 남들이 한 번도 그리지 못한 그림을 그려야만 한다. 그런 그림을 그릴 때, 오늘 내가 그린 이 그림이 작은 도움이라도 되었으면 한다. 우리는 새로운 풍경을 그려야 한다. 새로운 풍경의 그림을 보면 일상의 고민에서 벗어나 새로운 희망이 솟아오르기 때문이다.

누구든 성공의 방정식에 함몰되어서는 안 될 것이다. 1등의 자리에 올랐다 해도 그대로 머물러 있다면 그것은 발전을 유보한 것과 같다. 열정을 가지고 새로운 미래를 다시 열어야 한다. 내가 영국과 프랑스를 중심으로 유럽에서 계획하고 시도한 사례를 통해, 문화 마케팅에 대한 이해 또는 유럽 문화여행의 즐거움, 상업 정신과 삶의 가치가 아름답게 연대하여 어우러지는 새로운 미래, 공동의 성장을 향한 글로벌 비전을 함께 나눌 수 있기를 소망한다.

차례

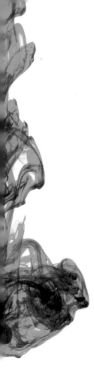

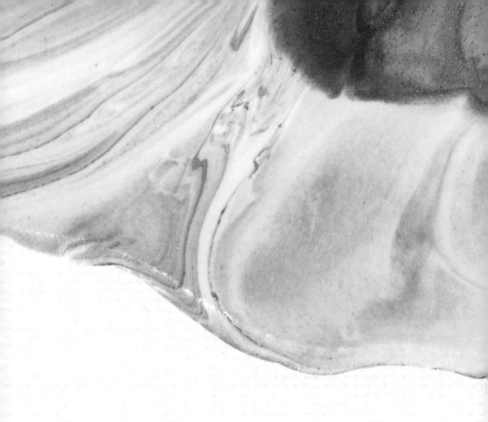

1부

영국인의 열정에 뜨겁게 스며들다

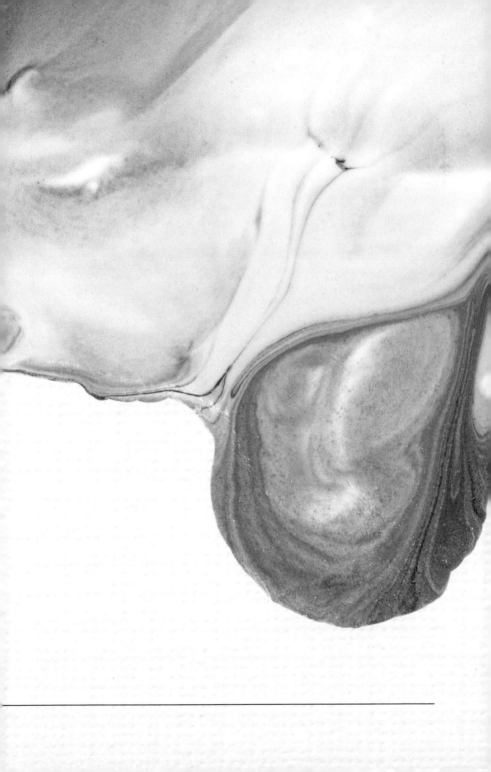

3P 마케팅

2005년부터 2013년까지 유럽에서 활동하다가 한국에 들어와 삼성전자의 마케팅 총책임자CMO로 일할 때, 나는 '3P 마케팅'을 이야기했다. 3P 마케팅은 '어떻게 소비자의 마음을 사로잡을까?' 하는 고민 끝에 나온 것이다. 상대방의 마음을 사로잡으려면 '감성적 공감대emotional bonding'가 형성되어야 하고, 그러려면 상대방이 가장 좋아하는 것이 무엇인지 알아야 한다. 그 요인들을 꼽아보니 우연찮게도 머리글자가 모두 'P'로 통일되기에 편의상 '3P 마케팅'으로 지칭하기로 했다.

1) 프리미엄(Premium)
2) 프라이드(Pride)
3) 패션 포인트(Passion Point)

3P 마케팅을 간략히 설명하자면, 1) '프리미엄'은 고급, 명품 마케팅이다. 유럽에서 우리는 프리미엄 마케팅을 활발히 전개했다. 명품으로서의 초고가 마케팅을 하려면 우선 그 시장을 정확히 알아야 한다. 그래서 시장조사를 했고 최고급 백화점, 요트 쇼 등에 우리 제품을 납품했다. 2) '프라이드'는 한국 사람들이 자랑스럽게 생각하는 '한글'과 같은 것으로, 그 나라 사람들이 자부心을 느끼는 대상을 찾아서 마케팅하는 것이고, 3) '패션 포인트'는 그 나라 사람들이 열광하는 핵심적인 것을 찾아서 마케팅하는 것이다.

사람들이 열광하는 것은 나라마다 조금씩 다르다. 바로 그 '패션 포인트'를 정확히 찾아내, 그것에 가까이 다가가 밀착하거나 연결하는 방식으로 마케팅 전략을 수립해서 실행해야 한다. 그렇게 해야만 감성적 결합 또는 유대가 이루어진다. 대표적인 예로, 영국 사람들의 패션 포인트는 '축구'였고, 프랑스 사람들의 패션 포인트는 '요리'였다.

1장

'첼시 FC'를 잡아라!

현대 유럽의 가장 중요한 산업문화적 특징은 바우하우스 Bauhaus이다. 바우하우스는 독일에서 1차대전 패전 후인 바이마르 시대에 설립된 건축 디자인 학교이다. 미술학교와 공예학교를 합병하면서 만들어졌다. 건축과 함께 순수 미술과 공예의 결합을 시도했다. 추상화가로 유명한 칸딘스키가 이 학교의 교수였다. 바우하우스의 흔적은 유럽 어디에나 있다. 실용적인 기능의 관공서 건물을 비롯한 현대식 건물들이 바우하우스 스타일의 건축이다. 건축과 디자인의 사회적 기능을 강화하면서 시각적인 예술성을 결합하고자 한 것이 바우하우스 건축양식이었다.

바우하우스 스타일의 건축은 실용성과 기능성을 강조해서 한편으로는 유럽의 오래된 건물들이 지닌 상징적인 장식성이나 웅장함은 부족한 면이 있지만 새로운 미적 형태를 만들어냈다. 특히 순수미술과 공예가 결합하여 나타난 바우하우스의 생활용품 디자인 등은 이후의 시대정신을 선도한 표준이 되기도 했다. 당시 새로운 소재였던 금속을 이용한 새로운 스타일의 의자, 그리고 과거의 소재에서 벗어나 새롭게 등장하기 시작한 여러 가지 생활용품이나 가전제품을 단순하면서 아름다운 디자인으로 완성해서 모던 디자인의 역사를 열었다. 마치 추상화라는 영역을 새로 개척한 칸딘스키의 회화처럼 과거 시대의 꽃무늬 장식품이나 종교 또는 신화적인 표상을 대체하는 새로운 스타일의 예술적 표현이 탄생했다.

한 시대의 미술, 디자인, 건축양식은 그 시대 사람들의 정신세계를 반영한다. 현대 유럽인들은 제품의 기능성을 극대화하면서도 시각적 아름다움에 대한 욕구를 충족시켜줄 수 있는 제품에 열광한다. 아무리 값이 싸고 기능성이 좋아도 촌스럽다고 생각하는 제품이 안 팔리는 것은 유럽인들의 미학적 욕구를 충족시켜주지 못하고, 디자인에 너무 치우쳐 기능성이 떨어지는 제품이 다른 지역에 비해서 그렇게 인기가 높지 않는 까닭은 가격에 비해 기능성이 크지 않기 때문이다. 유럽사람들이 품고 있는 미적 취향을 충족시켜준 것이 바로 삼성제품의 출현일 것이다.

삼성전자는 무수한 실패와 시행착오를 반복한 후에 기능성과 예술성의 결합을 최적화할 수 있는 지점을 발견해서 그것을 제품으로 구현했다. 그것이 삼성 TV이고 삼성 모바일 폰이다. 어쩌면 이것은 1993년 '프랑크푸르트 선언'을 한 이건희 회장님의 철학을 현실화한 것이다. 이건희 회장이 미국의 매장에 가서 구석에 처박혀 있고 싸구려 취급을 받고 있던 과거의 삼성제품에 화를 내면서 삼성전자의 불량품들을 태워버린 다음, 기능성을 극대화하면서도 아름다운 제품을 만들기 위해 총력을 기울이게 했다.

이것은 1차 대전의 폐허 위에서 바우하우스가 생긴 것과 비슷한 과정이다. 저가에 개성 없는 삼성제품들을 태워버린 후 만들어진 새로운 공간에 혁신의 정신을 불어넣어 삼성제품이 만들어졌다. 아름답고 편한 제품을 만들기 위해 삼성의 제조와 R&D 인력들은 밤낮없이 일했다. 그들이 만든 제품은 한편으로 종합예술이었고 유럽의 정신을 매혹시킨 것이 되었다. 이 과정에서 삼성의 마케팅 인력들은 유럽의 취향을 본사에 전달했고, 본사의 생산인력들은 가장 우수한 기능에 경제적이면서도 아름다움을 극대화하는 연금술을 부린 것이다. 그래서 내가 만난 유럽 사람들은 항상 삼성제품에 대해 고마워했다. 이렇게 편하고 아름다운 제품을 싸게 만든 삼성 때문에 유럽 사람들이 미국의 모바일 독점으로부터 해방될 수 있다며 칭찬했다.

유럽인들은 실용적이자 합리적이다. 동시에 유럽인들은 개성이 강하다. 멋을 내고 싶어 하고 아름다운 것을 숭배한다. 유럽인들은 미국 사람보다도 더 예술 지향적인 취향이다. 그래서 그들은 미국인보다 더 아름답고 개성 있게 옷을 입고 다니고 음악회나 전시회에 시간과 돈을 쓰는 것을 좋아한다. 삼성이 그런 유럽인들을 매혹시켰다는 것은 엄청난 일이다. 삼성의 실용주의와 예술성이 유럽을 감동케 한 것이다. 이건희 회장의 철학이 유럽에 뿌리를 내리고 유럽 문화의 일부가 된 것이다. 그런 점에서 삼성의 아이덴티티에는 유럽이 있다.

내가 영국 법인장으로 나갔던 2005년은 삼성이 휴대전화 시장에서 이제 막 떠오르기 시작할 때였다. 삼성의 D500(블루블랙폰)과 그 뒤를 이은 D600 모델을 프랑스, 영국, 독일 등 유럽의 주요 국가에 출시했는데, 잘 팔리는 인기 제품으로 주목받고 있었다.

제품의 우수성으로 경쟁력이 있었기 때문에 인기는 좋았지만, 소비자들의 사랑을 지속적으로 받기 위한 전략과 시장 확대 방안이 필요했다. 그 무렵 휴대전화의 글로벌 시장은 핀란드 기업 '노키아Nokia'가 약 40% 전후의 점유율을 확보하고 있었다. 노키아는 이미 1998년부터 전 세계 시장점유율 1위를 차지하고 있던 절대적인 강자였다.

삼성전자의 휴대전화는 2005년부터 급부상했지만, 전년도인 2004년 3분기 서유럽 시장 판매량은 약 300만 대로 점유율은 9% 수준이었다. 내가 영국 법인장을 맡고 있던 시점인 2005년 3분기 삼성전자의 휴대전화 시장점유율은 16%로, 전년보다 2배 가까이 성장했다. 그때 유럽 여러 나라에서 삼성의 점유율은 10~16%로 나라별로 조금씩 차이가 있었지만, 전체 점유율 15%의 '모토로라Motorola', 12%의 '소니에릭슨Sony Ericsson'을 누르고 2위에 올라 있었다. 하지만 당시 1위였던 노키아의 점유율 절반에도 미치지 못하는 2위였다.

그런 상황에서 나의 업무가 시작되었다. 당시 우리 제품은 우수했지만 기술 혁신과 함께 일 년에 한두 번씩 신제품이 쏟아져나왔다. 그렇게 늘 좋은 제품을 내놓으면서 인기를 유지하기란 쉽지 않은 일이다. 소비자들의 마음을 우리에게 단단히 묶어둘 수 있는 마케팅 전략이 필요했다. 그래야 어떤 부침이 있더라도 잘 버틸 수 있는, 소비자들에게 진정으로 사랑받는 브랜드의 삼성 또는 삼성 휴대전화가 될 것이었기 때문이다.

왜 '첼시 FC'인가?

'무엇을, 어떻게 하는 것이 좋을까' 궁리하던 중에 삼성의 휴대전화 책임자와 제일기획의 책임자들이 내게 축구 스폰서십 sponsorship 이야기를 꺼냈다. 내 기억으로는 그게 영국에서 받은 첫 번째 업무보고였던 것 같다. 영국에 오면서부터 이미 여러 고민을 해오던 참에 그 이야기를 들으니 귀가 솔깃해졌다. 무엇인가 될 것 같다는 예감이 들어서 그들에게 후속 과제를 주고 2주 후에 다시 보고해달라고 했다.

과제의 핵심은 세 가지였다. 마케팅 방법으로 왜 스포츠인가? 왜 축구인가? 왜 '첼시 축구클럽Chelsea FC'인가? 이것이 내 질문이었다. 축구 스폰서십이 영국에서 가장 강력한 마케팅 활동이 될 수 있는지, 사랑받는 브랜드가 되는 길인지 따져보라고 한 것이다.

내 질문이 그렇게 이어졌던 까닭은, 줄곧 생각해왔던 패션 포인트passion point가 바로 이것이 될 수도 있겠다고 생각했기 때문이다. 그리고 내가 영국에 대해 아주 잘 알지는 못했지만, 영국에서의 축구는 어쩌면 종교적인 차원 이상의 것이라는 느낌이 들었다.

다시 들어온 보고 내용은 이랬다. '첼시 FC'는 삼성과 비슷한 이력을 지녔고, 2003년 러시아 재벌 로만 아브라모비치Roman Abramovich가 구단을 인수하면서 상위권으로 떠오르고 있다는 것이었다. 그리고 창단 100주년을 맞는 첼시가 기존 후원사와 계약을 곧 해지한다고 했다. 팀의 이름을 '더블루스The Blues'라고도 부르는데, 로고 색깔도 삼성의 브랜드 색깔과 동일한 파란색이었다.

당시 기준으로 최근 3년간 영국에서 첼시 FC의 팬은 3배나 증가해 290만 명에 육박했고, 유럽 대륙 전체의 팬도 2,000만 명에 이르러 있었다. 특히 러시아에서도 최고의 인기를 구가했다. 따라서 첼시 FC에 대한 후원은 영국에서만 펼쳐지는 마케팅이 아니라 유럽과 러시아, 그리고 옛 소련에서 독립한 국가들까지 포괄하는 광범위한 지역을 대상으로 한 마케팅이 될 수 있었다.

아울러 첼시 FC는 중상류층이 거주하는 런던의 풀럼Fulham이 연고지여서 영국에서는 '프리미엄 이미지'를 가진 팀이었다. 런던을 연고지로 하는 몇 개의 축구팀이 있지만 첼시 FC는 런던에서도 부유한 지역인 남서부를 연고지로 하는 팀이었기에 삼성이 '프리미엄 이미지'로 나아가야 한다는 평소의 내 생각과도 잘 맞아떨어졌다. 그래서 한번 해보자고 생각했다.

노키아와의 치열한 후원 경쟁

먼저, 영국에 있는 유럽총괄에게 이 계획을 보고하고 설득하자 긍정적인 의견이 나왔다. 서울 본사에도 보고가 올라갔다. 지역 법인에도 활동 예산은 있었지만, 우리의 계획은 몇백억 원이 필요한 것이어서 서울 본사의 결정이 있어야만 가능했다.

서울 본사에서는 '월드컵'이나 스페인의 '레알 마드리드'를 후원해보려는 분위기였기에, 우리의 보고를 받고 조금 주저하는 것 같았다. 당시 첼시 FC는 급부상 중이긴 했지만 유럽의 유명 축구팀에 비하면 인지도가 그리 높지는 않았기 때문이다. 그래서 본사에서도 영국 프리미어리그와 첼시 FC에 관해 백방으로 평가와 정보를 수집했다고 한다.

마침내 서울 본사에서 우리의 계획을 승인하는 결정이 났다. 그런데 우리와 연락을 주고받던 첼시 FC 관계자들과 갑자기 연락이 닿지 않았다. 서울 본사에 강력하게 요청해서 승인과 지침을 어렵게 받은 터라 반드시 성사시켜야 하는데, 그야말로 난감했다.

이리저리 수소문해서 스폰서십을 중재하던 관계자들이 사라진 이유를 알고 보니, 노키아가 끼어 있었다. 첼시 FC 입장에서는 기존 파트너와 노키아, 삼성을 두고 경쟁을 벌여 좀 더 나은 조건을 확보하려던 것인데, 마침 노키아가 더 적극적으로 바짝

달려들자 우리와 연락을 잠시 끊은 것이었다.

우리는 '맨체스터 유나이티드'와 'AC 밀란'과도 접촉하고 있다는 등의 정보를 슬쩍 흘리며 다각도로 첼시 FC 측을 압박했다. 그렇게 실무자들 사이에 소위 '밀당'이 이어졌다. 그러다 그쪽 실무자에게만 매달릴 게 아니라 최종 결정권자, 즉 브루스 벅Bruce Buck 회장과 단판을 벌이자는 의견이 나왔다. 일반적인 소통 채널을 넘어서는 일이라 자칫 협상판이 아예 깨질 수도 있는 리스크가 있긴 했지만, 마냥 이대로 두고볼 수는 없어서 한번 세게 베팅해보기로 했다.

우리는 브루스 벅 회장을 직접 접촉해 설득에 들어갔다. 이전에 아브라모비치 구단주는 첼시 FC를 인수하면서 그 구단을 세계적인 빅클럽Big Club으로 만들겠다는 목표를 내세운 바 있었다. 그 목표를 이루는 데 있어 전 세계 네트워크가 있는 삼성이 큰 도움이 될 수 있을 것이라는 점을 강조했다. 그 자리에서 브루스 벅 회장으로부터 계약하자는 확답을 받아냈다.

이런저런 어려운 과정 끝에 마침내 계약이 성사되었고, 계약을 축하하는 자리가 마련되었다. 서울 본사에서 최고 경영진이 참석했고, 아브라모비치 구단주는 물론 한국 축구의 월드컵 4강 신화를 만든 히딩크 감독도 그 자리에 동석해 계약을 축하해주었다. 나중에 이건희 회장과 이재용 부회장도 영국 방문길에 잠시 들러 양사가 파트너십을 맺은 것을 축하해주었다.

2006년 첼시 홈구장을 방문한 이건희(왼쪽) 삼성전자 회장에게 로만 아브라모비치 첼시 FC 구단주가 주장 존 테리의 사인이 담긴 유니폼을 선물하는 모습

함께 성장하는 기쁨

스폰서십 계약을 마친 뒤에는 일주일에 한두 번쯤 홈 경기가 있는 날에는 축구장에 갔다. 경기장에서 응원은 물론, 스폰서로서의 재정적 지원뿐만 아니라 경영진, 감독, 선수들과도 긴밀한 관계를 구축하면서 경기력 향상에 도움을 주고자 여러 가지 노력을 했다.

보통은 스폰서십을 하면서 선수 개개인을 살피는 일까지는 하지 않지만 우리는 선수들에게도 정성을 들였다. 일례로 아일랜드 국가대표이기도 한 데이미언 더프Damien Duff 선수의 경우, 우리는 아일랜드 행사에 간 김에 데이미언의 여자친구를 불러서 휴대전화를 선물로 주면서 데이미언과의 연인 관계를 응원해주기도 했다. 또 한번은 첼시 FC와 자매팀이 된 한국의 수원 블루윙스와 친선 경기 차 데이미언 선수가 한국에 왔다가 여권을 잃어버린 적이 있는데 그 문제도 우리가 나서서 해결해주었다. 이렇게 우리는 경기력 향상을 위해 선수 개개인의 생활에 도움을 준 것은 물론 심리적, 정서적 차원에서도 아주 사소한 부분까지도 신경을 써주었다.

그런 애정 어린 후원 끝에, 드디어…… 우리가 스폰서십을 계약한 첫해에 첼시 FC는 프리미어리그에서 우승컵을 들어올렸

카퍼레이드 차량 위에서

다. 그리고 다음 시즌(2005~2006) 프리미어리그에서 또 우승했다.
첼시 FC 역사에 2년 연속 우승은 전에 없던 기록이었다.

　우승하면 팀의 연고지에서 카퍼레이드 행사를 벌인다. 축하
카퍼레이드가 있던 날, 수많은 팬들이 거리로 몰려나와 사방의
건물이 다 무너질 정도로 열광했다. 우승의 주역인 선수들이 카
퍼레이드 차에 올랐고, 주제 무리뉴José Mourinho 감독과 나도
그 차에 합류했다. 우리 모두 손을 높이 들고 기쁨을 함께 나
누었다.

첼시 FC의 우승을 축하하려고 몰려든 사람들

삼성과 첼시, '블루 동맹'의 결실

스폰서십을 체결하기 위해 첼시 FC를 설득했던 내용의 요점은, 삼성과 첼시 FC는 경영철학이 같다는 것이었다. 서로 일등이 되려는 도전 과정에 있으니 더 노력해야 하는 절실함이 있고, 프리미엄 이미지의 성격 또한 유사하다는 점을 이야기했다. 그리고 첼시 FC는 아시아나 중국에도 더 많이 알려지기를 원하고 있으니, 삼성이 분명 큰 도움이 될 것이라고 말했다.

후원의 효과는 10배, 100배로 나타났다. 영국 프리미어리그의 우승팀은 유럽 각국의 리그 우승팀들이 겨루는 '챔피언스리그' 출전 자격을 얻는다. 영국 리그에서만 좋은 성적을 내줘도 고마운 마당에 첼시 FC가 유럽의 챔피언스리그까지 출전하게 되었다. 보너스 혜택이라는 표현을 넘어서 그야말로 '대박'이라고 표현하는 것이 적절할 정도였다.

2012년 첼시는 유럽축구연맹UEFA '챔피언스리그'(2011~2012시즌)에서 삼성 로고가 있는 파란색 유니폼을 입고 사상 첫 우승을 했다. 결승전은 2012년 5월 19일 뮌헨의 '알리안츠 아레나' 경기장에서 열렸고, 연장전까지 총 120분 동안 1대 1의 무승부 끝에 승부차기에서 4대 3으로 승리했다. 결승에서 겨룬 독일 축구팀 바이에른 뮌헨FC Bayern München 또한 삼성의 독일 법인이 후원하는 구단이었다.

유럽 축구의 '챔피언스리그'는 세계 최고의 스포츠 이벤트로 전 세계에서 TV로 경기를 지켜보는 시청자가 올림픽보다 더 많다. 2009년 기준 시청자는 1억 900만 명이었다고 했으니, 최소 1억 명에 달하는 시청자가 이날의 경기를 지켜보았을 것이다.

당시 후원 비용은 초기에는 삼성전자의 여러 사업부들 중에서 휴대전화 사업부에서 부담했다. 그래서 선수 유니폼에 찍힌 삼성 로고 하단에 '모바일mobile'이라는 글자를 작게 넣었다. 휴대전화 사업부에서 TV 앵글에 '모바일' 로고가 더 잘 잡히게 로고의 위치를 1센티미터 위로 올려달라는 요청이 있어서 이 문제로 첼시와 몇 달을 협상하기도 했다.

우리 가족은 식당에 가거나 외출할 때 모두 첼시 유니폼을 입고 나갔다. 직원들도 그렇게 유니폼을 입고 외출했다. 영국 사람들은 '몸속에 자기가 응원하는 팀의 피가 흐른다'고 말한다. 첼시를 열광적으로 응원하는 서포터들은 자신들 피는 파랗다며, 속옷도 파란색으로 맞춰서 입는다. 그러니 그들에게 유니폼은 성스러운 옷이다.

우리는 무리뉴 감독이 '007 제임스 본드' 역할로 등장한 TV 광고도 제작했다. 반응이 좋았다. 007 영화에서 제임스 본드가 권총을 들고 있는 것처럼 무리뉴 감독이 삼성 휴대전화를 들고 있는 광고 사진을 우리 주재원의 차량에 붙이기도 했다.

무리뉴 감독이 삼성 D600 휴대전화를 들고 있는 광고 사진

첼시 FC를 후원하면서 시도한 스포츠 마케팅으로 우리는 2007년 '스포츠 인더스트리 어워드Sport Industry Award'에서 주는 최고 스폰서십 팀Best Sponsorship of a Sport Team or Individual 부문을 수상했다.

첼시 FC는 삼성전자의 후원이 시작된 2005~2006시즌에 이어 2009~2010시즌 프리미어리그에서 우승했고 FA컵도 2006~2007시즌, 2008~2009시즌 우승을 차지하는 등 유럽 최고 명문 구단으로 굳건히 자리 잡았다. 삼성과 첼시는 '블루 동맹'이라고 알려질 만큼 이미지가 서로 잘 맞는 관계였다. 첼시 FC를 후원하면서 삼성 브랜드의 대중적 인지도를 높였고, 프리미엄의 브랜드의 효과를 거두었다.

2년간 영국에서 근무하다가 3년 차에 나는 프랑스 법인장이 되어 영국을 떠났다. 프랑스에서 근무하던 4년 동안 웬일인지 첼시 FC의 경기력은 저조했다. 유럽총괄이 되어 2011년에 다시 영국으로 돌아왔는데, 공교롭게도 그때 첼시 FC가 '챔피언스리그'에서 다시 우승했다. 이런 우연이 신기해서 한번은 첼시 FC의 부르스 벅 회장을 만나 식사하는 자리에서 이런 농담을 건넨 적이 있다.

"우승을 위해 고액 연봉의 선수를 영입하는 것도 좋지만, 나를 여기 영국에 오래 있게 하는 게 더 좋지 않을까요?"

그는 웃으며 답했다.

"맞아요. 그러네요!"

삼성은 2005년부터 2015년까지 10년 동안 첼시 FC를 후원했다. 그 기간에 3위였던 시장점유율이 1위로 올라섰다. TV나 휴대전화의 브랜드 가치도 5배 이상 상승했다. 삼성전자의 유럽 매출은 2005년 이후 2011년까지 2배 이상 성장했다. 평판 TV 시장점유율은 2007년 23.5%에서 2012년 1분기 기준 35.9%로 증가했다. 2011년 영국 매출은 후원 전인 2004년보다 3배에 가까이 성장했다.

상상을 초월하는 축구 열정

유럽은 축구에 미쳐있다. 축구 잘 한다고 경제가 성장하고 돈이 나오는 것이 아닌데, 왜 유독 유럽사람들이 축구에 열광하는가? 그것은 축구가 민족주의에 대한 대체제가 되기 때문이라고 생각한다.

유럽통합이 진행되면서 국가 정체성이 약해지고 지역 정체성이 강화되었다. 소속팀에 대한 정체성이 자국 프로팀에 대한 충성심보다 강해진다. 예컨대 티에리 앙리가 한참 날리던 아스널

Arsenal 축구팀의 전성기에 감독부터 선수 대부분은 프랑스 출신들이었다. 영국의 아스널 팬들은 아스널에 너무 몰두한 나머지 국가 대표 경기에서 프랑스를 응원하는 사례도 발생했다. 나는 런던에서 토트넘Tottenham Hotspur 팬들과 프리미어 리그 축구를 관람한 적이 있는데 런던 서부 지역 사투리를 심하게 쓰는 청년이 이렇게 말했다. "국적은 바꿀 수 있어도 내가 지지하는 팀을 바꿀 수는 없어요. 저는 영원한 토트넘의 팬입니다."

축구 경기장의 'VIP 박스'

영국의 모든 축구 경기장에는 귀빈용 공간이 있는데, 첼시 FC를 후원하면서 우리도 그곳을 이용하게 되었다. '호스피텔러티 박스Hospitality Box'라는 공간으로, 사교 모임과 경기 관람이 동시에 이루어지는 곳이다. 경기 시작 두 시간여 전부터 문을 열며 맥주와 와인 등의 음료와 식사도 할 수 있는 특별한 공간이 경기장마다 여러 개 있다.

영국 사람들에게 프리미어리그 명문 팀 '박스'로의 초대는 최고의 귀빈으로 모신다는 뜻이었다. 영국에서는 회원권(시즌 티켓)을 예매하지 않은 채 경기장에 바로 가서 당일의 축구 경기를 관람하기는 쉽지 않은 편이다. 경기장 입장료는 영국인들에게도 부담스러울 만큼 비싸다. 그렇기에 축구에 열광적인 그들에

호스피텔러티 박스

게, VIP 박스에서 최고급 식사를 하고 축구 경기를 관람할 수 있는 초대는 영광스러운 일이 아닐 수 없었다.

그들의 축구 문화를 우리만의 시각으로만 보면 깜짝 놀랄 만하다. 우리는 누가 축구 경기에 자신을 초대했다면 갈까 말까 망설일 수 있는데, 그들은 그 초대를 최고의 대접으로 여긴다. 그래서 우리도 그때부터 삼성의 유럽 거래처 관계자나 유력 인사들을 축구장 '박스'로 초대했다.

그곳에 가보니 우리 박스 옆의 다른 박스에 영국을 움직이는 정계와 재계의 주요 인사들이 다 모여 있었다. 말하자면 그곳은 영국을 움직이는 정치나 경제의 중심지 중 하나라 할 수 있었다.

축구를 통한 또 다른 비즈니스

한번은 삼성 중공업 쪽에서 연락이 왔다. 60억 달러짜리 대형 선박 수주 건이 마무리 단계에 있는데 수주 여부를 결정하는 책임자가 영국 사람이라고 했다. 그가 첼시 FC의 열렬한 팬이니, 첼시 FC 경기에 초대해주면 고맙겠다는 요청이었다. 그때 뮌헨에서 '챔피언스리그 결승전'이 예정되어 있었다. 그 경기에 그분 부부를 초대해 자리를 마련해드렸다. 나도 거기에 나란히 앉아 한마음으로 첼시 FC를 응원했고, 마침 첼시 FC가 우승한 덕분에 그 기쁨을 함께 나눌 수 있었다. 그리고 그 뒤에 수주에 성공했다는 연락을 받았다.

해외에서 사업을 하다 보면 현지 유통망과 갈등을 빚는 경우가 간혹 있다. 해외 영업점들 중에는 삼성이 진출해 직접 영업하는 곳도 있고, 대리점인 유통업체를 통하는 지역도 있다. 이전에 우리 제품을 판매했던 유통업체가 있었을 경우, 이제부터 우리가 진출해서 직접 판매하겠다며 제품을 공급하지 않으면, 그들은 문제를 제기한다. 막대한 금액의 보상 요구다. 아일랜드 시장에서 영업 지점을 새로 열었을 때 바로 그런 일이 발생했다.

그런데 그 유통업체 대표가 맨체스터 유나이티드 FC의 열광적인 팬이었다. 그래서 그를 맨체스터 유나이티드 FC 경기에 초대하겠다고 했더니, "그 조건이라면 다른 것은 뭐든 중요하지 않다"며 흔쾌히 받아들였다. 이와 동시에 그동안 골머리를 썩였던 문제가 순식간에 풀렸다. 보상금으로 얼마를 지불해야 할지 고민하고 있었는데 축구장 초대로 말끔히 해결된 것이다. 축구와 관련해, 우리로서는 쉽게 믿어지지 않는 이런 일들이 여러 건 있었다.

뼛속까지 축구에 '진심'인 사람들

지방으로 출장도 자주 가야 했는데, 리버풀에 갔을 때 그곳에서 첼시 FC의 시합이 있었다. 그래서 당연히 응원하려고 경기장에 갔다. 마음속으로도 이미 첼시 FC의 열혈 팬이 되었기 때문에 경기가 진행되는 동안 여러 장면에서 내 몸이 반응했다. 아쉬움이나 열광적인 감정이 내 몸짓으로 드러났다.

그렇게 10여 분쯤 응원하다가 주변을 돌아보니 나를 쳐다보는 눈길이 심상치 않았다. 거기서 계속 첼시 FC를 응원해서는 안 될 듯한 심각한 분위기였다. '살아서 돌아가야겠다'는 생각이 번쩍 들었다. 영국이 축구 발상지여서 그런지 영국인들 모두가 축구에 열광적이지만 리버풀, 그 지역은 일반적인 상상을 초월하는 곳이었다.

첼시 경기장에 가면 10마리쯤의 말이 나타나서 경기가 끝난 뒤 몰려나오는 군중을 심리적으로 제압한다. 말을 타고 높은 위치에서 흥분한 군중을 통제하는 기마경찰이다. 그런데 리버풀에서는 경기장에 들어갈 때부터 50마리쯤의 말이 주변을 통제하고 있었다.

경기가 있을 때는, 런던의 첼시 경기장 앞에도 파란색 유니폼을 입은 사람들 물결이 파도를 친다. 하지만 어린아이부터 할아버지까지 모두 손 잡고 거의 교회 가듯이 간다. 물론 첼시의 경기장 앞도 요란스럽다. 그런데 리버풀은 런던의 분위기와는 비교가 되지 않았다.

예를 들어 요란함의 최대치를 10으로 놓고 설명하자면, 첼시 쪽은 경기가 끝난 뒤 그 분위기에 취한 팬들이 모이는 소란스러운 술집 근처라 해도 4~5 정도다. 그런데 리버풀에서는 경기장에 들어갈 때부터 이미 그 정도치가 9였다. 완전히 전쟁터 같았다. 거기서 첼시 FC를 응원하며 끝까지 있으면 도저히 안 되겠다 싶어서 결국 경기장을 빠져나왔다.

첼시 FC와 스폰서십을 맺으면서 현지 책임자인 영국인 부사장에게 이제부터 첼시 FC를 함께 응원하자고 했었다. 그런데 반응이 이상했다. 그래서 어느 팀을 응원하느냐고 물었다. 그러고 나서 알게 되었다. 그가 태어나기 전, 할아버지 때부터 대대로 한 팀을 응원했다는 것이다.

영국에서 축구는 종교와 같은 것이어서 팀을 바꾼다는 것은 상상할 수 없는 일이다. 그런 자신들만의 문화가 이미 할아버지 손을 잡고 축구장에 처음 갔던 어린 시절부터 성장 과정을 통해 내면에 고스란히 담겨 있었다.

삼성이 영국에서 한 첼시 후원은 영국과 유럽을 넘어서 세계적인 삼성 마케팅이 되었다. 마케팅이라는 것은 상업행위이다. 그런데 축구가 들어가면 마케팅에 영혼을 불어넣는다. 첼시를 응원하는 블루 팬들은 삼성 블루의 열렬한 팬이 되었고 그들은 삼성 모바일에 감정이입을 하고 충성심을 갖게 되었다. 카프카가 말한 것처럼 인간이 존재한다는 것은 어디에 소속한다는 것이다. 전 세계 첼시팬들은 첼시팀을 응원하면서 자신의 정체성을 확인했다. 과거에는 한국 가전제품을 싸구려라고 생각했던 유럽 사람들이 이제는 삼성제품과 자신을 동일시하면서 자신의 '소비정체성'을 만들기 시작했다. 이것이 바로 첼시 마케팅의 마술인 것이다. 첼시팬들과 유럽인들은 삼성의 일부가 된 것을 자랑스러워하기 시작했다. 그러면서 삼성제품은 프리미엄으로 바뀌게 된 것이다.

2장

자부심을 느끼는
현장 속으로!

대영박물관에는 오늘 이 순간에도

영국이나 프랑스 등 유럽 전반의 패션 포인트passion point는 문화다. 그래서 나는 세계 최고 수준의 문화가 있는 그곳에서 문화 마케팅을 하겠다는 생각으로 박물관에도 관심을 가졌다.

대영박물관British Museum과 빅토리아 앨버트 박물관Victoria and Albert Museum은 영국의 대표적인 박물관이다. 빅토리아 앨버트 박물관은 중세부터 근대까지의 유럽 미술을 중심으로 동양의 미술 작품도 광범위하게 소장하고 있다. 특히 장식미술과 공예 분야에서는 세계적인 규모의 박물관이다.

2005년 영국 법인장에 부임하고 나서 나는 빅토리아 앨버트 박물관의 한국 전시실에 갔었다. 그런데 그곳에서 얼굴이 후끈거렸다. 한국인으로서 부끄럽고 안타까운 심정이었다. 더군다나 그곳에 비즈니스를 하러 온 사람으로서, 영국에서 사랑받는 브랜드 중 하나가 '삼성'인데 삼성의 뿌리인 한국의 전시실이 너무 빈약하고 초라했다. 옆에 있는 일본 전시실과 비교해보니 더 안타까웠다. 그나마 한국 전시실은 1992년 삼성문화재단과 국립중앙박물관이 협력하여 영국 땅에 처음으로 독립된 우리만의 전시 공간을 마련한 것이었다.

우리는 현지 마케팅 차원보다는 순수하게 '삼성'의 뿌리인 한국, 한국의 '기업 시민'으로서, 해외에서 그저 장사만 하며 물건만 많이 팔았다고 자랑할 것이 아니라 책임감을 가지고 그곳을 개선하기로 했다. 전시실의 위치를 옮겨 재배치하는 등 한국 전시실을 한층 더 좋게 만들기 위한 지원과 투자를 여러 차례 했다. 2006년에는 터치스크린 LCD 모니터를 기증하기도 했다.

영국 속 한국의 '기업 시민'

1753년에 설립된 대영박물관은 런던에 있는 영국 최대의 국립 박물관이다. 제국주의 시대에 전 세계를 지배했던 영국이 세계의 모든 대륙에서 수집한 방대한 유물을 소장, 전시한다.

대영박물관의 삼성 디지털 디스커버리 센터 ©britishmuseum.org

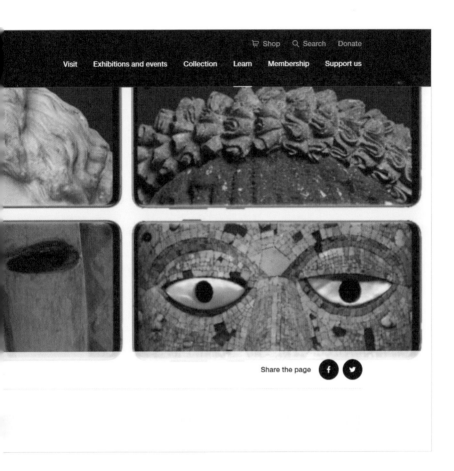

Share the page f 🐦

선사시대, 이집트, 메소포타미아, 고대 그리스, 로마제국, 르네상스, 아시아, 아프리카, 아메리카 등 세계 인류문명의 과거에서부터 현재까지의 역사, 미술, 문화와 관련된 800만 점 이상의 방대한 유물을 가지고 있다.

우리는 세계적인 박물관인 그곳과 파트너십을 통해 관계를 맺었다. 대영박물관은 젊은이들과 어린아이들도 많이 찾아오는 곳이다. 어린이들은 학교 수업의 한 코스로 많이 방문했다. 그래서 IT 기업인 우리는 박물관에서의 디지털 교육을 위해 그곳에 디지털 기기를 후원하면서 대영박물관의 공식 후원사가 되었다.

우리는 스코틀랜드, 웨일스 등 영국 여러 지역 3만 5,000여 명을 대상으로 하는 디지털을 통한 교육 프로그램을 대영박물관에 제안했다. 그래서 그곳에 사이버 교육 프로그램이 만들어졌다. 학생들이 직접 박물관을 방문하지 않고도 디지털 센터를 통해 박물관의 유물을 학교 교실에서 만날 수 있고, 세계의 역사와 문화를 배울 수 있는 가상 관람Virtual Visits 시스템이다. 지금 이 순간에도 대영박물관 홈페이지에 가면, '가상 관람, 스폰서 삼성Virtual Visits, Sponsored by Samsung'이라는 메뉴를 찾을 수 있다. 화상 연결을 통해 박물관 담당자의 설명도 들을 수 있다. 2008년에는 대형 모니터를 공급해 매표소나 로비에서 박물관

대영박물관의 삼성 디지털 디스커버리 센터 ©britishmuseum.org

홍보나 안내에도 이용할 수 있도록 했다.

대영박물관은 영국 내 방문자 수 1위다. 2013~2015년 조사를 보면, 프랑스의 루브르가 압도적인 격차로 부동의 세계 1위(930만 명)를 지키고 있지만, 그다음으로 대영박물관이 세계 2위(670만 명)였다. 2위에서 5위 사이의 순위는 시기마다 조금씩 바뀌지만 최상위 안에는 늘 대영박물관이 있다.

박물관이 품고 있는 것은 문화이고, 박물관을 찾아가는 일은 문화적 활동이다. 나는 삼성이 품격 있는 브랜드가 되기 위해서는 문화와 함께해야 한다고 생각했다. 그런 생각으로 마케팅하는 것을 '문화 마케팅'이라고 부를 수 있는데, 문화 마케팅을 한다면 문화적 전통이 강한 유럽 지역이 제격이라고 생각한다.

영국 왕실의 로열 워런트

내가 영국 법인장으로 가기 전, 2004년에 노무현 대통령이 국빈 초청을 받아 영국을 공식 방문하게 되었다. 그때 영국 왕실로부터 삼성 영국 법인으로 연락이 왔다. 버킹엄궁 내 여왕 귀빈숙소가 있는데, 대통령이 묵을 곳 거실과 침실 TV를 삼성 제품으로 했으면 좋겠다는 제안이었다. 우리는 기존에 놓여 있던 필립스 TV를 대신해 최신 TV를 귀빈용 숙소에 설치해주었다.

2005년 초 영국 법인장이 된 이후 직원들에게 그 이야기를 듣고는 귀가 솔깃해졌다. 우리 제품이 정식으로 영국 왕실에 들어간다면 단숨에 '프리미엄 브랜드'로 올라설 수 있겠다는 생각이 들었기 때문이다. 마침 우리 직원이 영국 왕실의 비서팀장(시종장)과 연락이 닿는다고 해서 곧장 연락을 취해보았다. 대통령 국빈 방문 때의 전례가 있어서인지 시종장은 흔쾌히 우리를 맞아주었다. 그렇게 시종장의 안내를 받아 버킹엄궁 곳곳을 둘러보게 되었다.

버킹엄궁의 2층에는 발코니에서 여왕이 군중들을 향해 손을 흔들어주기도 하는 방이 있다. 그곳에 TV가 없었다. 거기에 삼성 TV를 놓으면 좋겠다는 생각이 들어서, 영국 왕실엔 어떤 식으로 제품이 들어가는지 물어보니 '입찰'을 통해야 한다는 답변이 돌아왔다. 한번 해보자는 결심이 섰다. 꼼꼼한 입찰 준비 끝에 우리는 경쟁사들과의 치열한 경합을 뚫고 2006년 영국 왕실 TV 공급업체로 선정되었다. 그렇게 해서 당시 여왕의 공식 거주지였던 런던의 버킹엄궁을 비롯해 남부의 윈저성, 스코틀랜드의 홀리루드궁Holyrood Palace 등 다섯 곳에 모두 삼성 TV를 공급했다.

영국 왕실에서는 입찰에 성공한 공급업체의 제품을 5년 이상 사용하면서 제품과 서비스의 품질이 최고 수준임을 보증하는 '로열 워런트Royal warrants'를 수여한다. 즉 로열 워런트를 받으려면 제품의 우수성은 물론 철저한 서비스와 굳건한 신뢰도 등 여러 조건을 충족시켜야 한다.

우리는 몇 차례 버킹엄궁에 들어가 여왕의 동선을 확인하고 궁전 내에서 TV를 시청하기에 더 좋은 자리를 찾아서 권하는 등 삼성 TV에 관해 열심히 설명했다. 2011년 7월에 열린 '왕실

자선 크리켓 행사'도 후원하며 신뢰 관계도 구축했다. 여러 각
도에서 정성을 기울이며 2006년부터 2011년까지 버킹엄 윈저성
등 영국 왕실의 5개 공식 거처에 총 200여 대의 TV와 최고급
AVAudio & Video 제품을 설치했다. 왕실 전담 서비스팀도 운영했
는데, 5년간 왕실을 제집처럼 드나들며 세심한 서비스를 제공
했다.

이런 노력 끝에 2012년 마침내 우리는 '로열 워런트' 인증을
받아냈다. 왕실에서는 영국 제품을 많이 이용하기 때문에 외국
회사가 그 인증을 받는 경우는 극히 드물다. 그런데 삼성이 대
형 전자제품 제조사 가운데 최초로 TV와 AV 제품에 '로열 워
런트' 인증을 받은 것이다. 한 번 인증을 받으면 5년간 지속돼
다. '로열 워런트' 문장을 제품 포장과 카탈로그 등에도 이용할
수 있다.

왕실 인증인 '로열 워런트'에는 1) 엘리자베스 여왕 인증, 2)
여왕의 남편 필립 공의 인증, 3) 황태자 인증, 이렇게 세 가지가
있었다. 우리가 그때 받은 인증은 가장 높은 단계인 여왕의 인
증이었다. 영국 최고 권위인 왕실 인증 '로열 워런트'를 받으면
서 우리는 최고의 제품, 최고의 서비스를 제공하는 브랜드로 공
식 인정을 받았다. 이로써 영국에서 프리미엄 브랜드로서의 입
지를 확고히 다질 수 있었다.

BY APPOINTMENT TO
HER MAJESTY THE QUEEN
SUPPLIER OF
CONSUMER ELECTRONICS PRODUCTS
SAMSUNG ELECTRONICS (UK) LIMITED
SURREY

여왕 인증(Royal Warrant by Appointment to Her Majesty The Queen)

윈저성에서 만난 찰스 황태자

찰스 황태자의 초청으로 버킹엄 궁전에 갔었다. 그때 찰스 황태자는 사회공헌활동을 많이 하고 있었는데, 그런 공헌 행사에 삼성의 영국 법인 사장으로서 초대를 받아 갔었고 그다음에는 유럽 총괄 사장이 되어 윈저성Windsor Castle에서 만났다. 버킹엄 궁전Buckingham Palace은 고급 명품매장 같다. 화려한 샹들리에가 빛나는 메인 홀이 인상적이었다면 윈저성은 별장이다. 전원적이고 서민적인 느낌도 있다.

황태자에게 나는 "우리가 몇 년 전에 만났었고, 그때는 내가 영국 책임자였는데 이번에는 유럽 책임자가 돼서 다시 만나니 더 기쁘다"고 했다. 그랬더니 황태자가 갑자기 내 두 손을 붙잡고 감정을 한껏 담아서 마구 흔들었다. 손을 잡고 흔들며 축하한다고 했다.

그렇게 인사를 나누고 나오는 길에 함께 갔던 바이어가 "황태자가 왜 그렇게 감정을 드러내며 승진 축하를 해줬는지 아느냐?"고 물었다. 바이어는 "황태자는 평생 왕자에서 왕으로 승진하지 못한 분이라서 그렇게 격하게 축하했을 것"이라고 했다. 영국 역사상 가장 오랫동안 황태자 자리에 있었던 찰스 3세는 2022년 73세의 나이로 왕위에 올랐다.

"찰스 국왕님 승진을 축하드립니다."

런던 올림픽, 파란색으로 물들인
1,000개의 도시

영국 런던에서 제30회 하계 올림픽이 2012년 7월 27일부터 8월 12일까지 열렸다. 개막 전부터 세계인의 관심을 받으며 펼쳐지는 가장 중요한 행사는 성화 봉송 릴레이Olympic Torch Relay다. 런던 올림픽 이전의 성화 릴레이는 그리스에서 출발해서 5개 대륙을 모두 돌고 주최국에 도착했다. 그리고 주최국의 주요 도시들을 돌아서 올림픽 경기장으로 들어갔다.

그런데 그 이전 올림픽이었던 베이징 올림픽 때, 중국의 인권 문제에 항의하는 일이 발생했고 미국과 영국 등은 외교적인 불참을 선언하기도 했다. 그래서 런던 올림픽부터는 5대륙을 순회하는 성화 릴레이가 정치적인 문제에 휘말리지 않도록 주최국의 도시들만 순회하는 방식으로 바뀌었다.

삼성전자는 런던 올림픽 후원사였다. 올림픽 마케팅을 준비하는 과정에서 우리는 특히 성화 릴레이를 주목했다. 성화 릴레이는 70일 동안 8,000명이 참여하고, 1만 2,875킬로미터의 거리를 돌면서 북아일랜드를 포함해 영국의 1,018개 마을을 지나니, 이는 곧 성대한 퍼레이드를 의미했다.

당시는 내가 유럽총괄로 있을 때였고, 삼성전자 유럽총괄의

런던 올림픽

소재지가 영국 런던이었다. 삼성전자가 후원사인 데다가 내가 일하는 현장인 런던에서 올림픽이 열리기 때문에 그곳의 책임자인 나는 서울에서 지원해준 올림픽 준비팀을 이끄는 현장의 총괄 지휘를 맡게 되었다.

그때 삼성은 TV와 휴대전화가 쌍두마차를 이뤄 기세 높게 세계 시장을 점령하고 있었다. 때마침 열리는 올림픽 성화 릴레이는 삼성 브랜드가 한 번 더 도약할 수 있는 좋은 기회가 되리라는 생각이 들어서 우리는 이 행사를 적극 활용하기로 했다. 아울러 삼성 브랜드나 사업이 10여 년 전부터 전 세계에 잘 알려지면서 고성장한 만큼, 세계 또는 지역사회에 공헌하는 기업 시민으로서 해야 할 삼성의 역할, 바로 그 측면에도 초점을 맞추기로 했다.

스포츠 정신과 상업 정신의 멋진 '콜라보'

특히 영국은 올림픽 축제 행사에 남다른 관심이 있었다. 스포츠 정신과 '상업 정신'은 조금 상충한다고 생각할 수도 있지만 영국 사람들은 스포츠 활동을 상업화해서 세계적으로 모든 사람이 즐기도록 하는 일에 탁월하다. 우리가 지금 흔히 알고 있는 스포츠, 전 세계가 사랑하는 많은 스포츠 종목들이 영국에서 시작되었다. 축구가 그렇고, 미국에서 꽃을 피운 야구, 테니스, 탁구, 골프 등을 많은 사람이 즐긴다.

영국이 세계 방송 포맷 시장의 60% 이상을 차지한다는 말도 있다. 지금은 미디어의 외적 형태인 하드웨어보다는 내용인 콘텐츠가 더욱 중요한 시대다. 이런 시대 흐름을 타고 인기 있는 텔레비전 프로그램들이 국경을 넘어 현지의 시청자에게 알맞게 각색된 이른바 '포맷format'이라는 형태로 전파된다. 방송 프로그램에서의 '포맷'이란 일종의 요리법Recipe과 같은 것으로 일련의 시리즈 프로그램에서 변하지 않고 꾸준히 유지되는 요소들을 집합적으로 가리키는 용어다.

세계 방송 포맷의 시장점유율은 2010년에 이미 영국이 41%로 미국을 뛰어넘어 세계 1위였다. 다른 나라에서는 같은 시간대에 비슷한 프로그램으로 여러 채널이 경쟁하지만, 영국에서는 다양한 장르와 포맷의 콘텐츠들을 각 채널에서 방영하기 때문에, 새로운 아이디어가 계속 실행되면서 창의적인 개발이 더 활발하게 이루어진다.

이렇듯 영국은 각종 이벤트나 프로그램 개발에 아주 능한 나라다. 그래서 그런지 올림픽 성화 릴레이 행사에도 영국 왕실과 런던 시장, 연예계 인사까지 총동원되었다. 2012년 5월에 나는 올림픽 성화를 봉송하는 특별기를 타고 그리스 아테네로 날아갔다. 영국 왕실의 앤 공주, 런던 올림픽 조직위원장 세바스천

전야제에서 만난 베컴

코, 런던 올림픽 홍보대사인 축구선수 데이비드 베컴, 당시 런던 시장이었다가 후일 총리가 된 보리스 존슨 등과 함께 탑승했다.

아테네에서 전야제가 있었고 헤라 신전에서 고대 그리스 복장의 여사제들이 오목 거울을 이용해 태양열을 모아서 성화를 채화했다. 성화는 먼저 그리스와 크레타섬을 돌아서 아테네 공항에 도착했고, 영국행 비행기에 올랐다.

그때 내가 함께 탑승한 올림픽 특별기는 영국 남서쪽 콘월 Cornwall 지역의 왕립해군비행장Royal Naval Air Station에 5월 18일 착륙했다. 500명이 참가한 환영식이 있었다. 이후 성화는 헬리

콥터를 통해 영국 남서쪽 끝 지점인 콘월의 랜즈엔드Land's End
로 보내졌고 첫 번째 릴레이 주자의 손에 들렸다. 땅끝 시골 마
을이 성화의 출발지였다. 거기서부터 대대적인 환영을 받으면서
영국 전역 1,000여 개 도시를 도는 올림픽 성화 릴레이가 시작
되었다.

그동안에는 5개 대륙을 돌았기 때문에 올림픽 개최국에서는
그렇게까지 많은 도시를 거치지 않았는데, 전 세계를 순회했던
릴레이를 개최국 한 곳에서 모두 다 진행하다 보니 오랜 기간
많은 도시를 순회하게 되었다. 성화 릴레이가 시작되는 시점부
터 나는 우리 직원들과 함께 마케팅 전쟁을 시작했다.

세계적 브랜드들과 치른 '마케팅 올림픽'

올림픽 후원사들은 4개의 등급(Worldwide partners/Official
partners/Official supporters/Official suppliers and providers)으로 나누어진
다. 최상위 등급인 '전 세계 파트너Worldwide partners'는 후원 비
용을 많이 냈기에 담당하는 영역도 넓다. 런던 올림픽에서 '전
세계 파트너'였던 최상위 등급 후원사는 '삼성'을 비롯해 '코
카콜라', '맥도날드', '비자카드', '파나소닉' 등 총 10개 기업이
었다.

바로 그들, 세계적인 브랜드들과 성화가 도착하는 순간부

터 우리의 '마케팅 올림픽'이 펼쳐졌다. 후원사들의 본격적인 활동 무대가 열린 것이다. 그런데 그중에서도 '코카콜라'는 브랜드 지수나 마케팅 활동에서 세계 1위로 알려져 있고, 올림픽 마케팅 분야에서 90년 넘게 활동해온 회사다. 그래서 1980년대 이후 그들의 활동은 전설적인, 마치 스포츠 마케팅의 바이블처럼 받아들여졌다. 그들이 올림픽 문화를 새로 만들었을 정도라고 많은 사람이 이야기했다.

모두 알고 있는 것처럼 코카콜라의 브랜드 색깔은 빨간색이다. 성화가 특별기에서 내릴 때부터 그들의 활동은 전부 빨간색과 연계되어 있었다. 그런데 삼성은 파란색이니, 우리 활동은 전부 파란색으로 진행되었다. 그래서 마치 청홍전 같은 풍경이 연출되었다. 현장에서 누가 기선을 제압했는지가 곧바로 보였다. 빨간색으로 뒤덮였는지, 파란색으로 뒤덮였는지에 따라 각자의 활동 정도가 드러났다.

나는 카라반 차량에서 우리 팀을 지휘했다. 시작 무렵에 내려다보니 주변이 온통 코카콜라의 빨간색으로 뒤덮여 있었다. 그래서 잠시 충격을 받았다. 그들은 홍보 행사도 많았고, 빨간색 응원 도구를 관중들에게 나눠주어서 눈에 띄었다. 각종 볼거리와 홍보성 알림 정보도 총동원하고 있었다.

성화를 채화하는 그리스에 갔다가 영국에 도착해서 성화 릴레이를 시작하는 현장을 보니 그런 상황이었다. 그래서 앞으로 70일 동안은 영국 전역을 모두 파란색으로 바꾸어 그들을 제압하자고 했다. 코카콜라와의 치열한 마케팅 전쟁이 시작되었다.

카라반 차량은 현장 지휘부인 동시에 성화 릴레이 주자보다 앞서 나가는 선도차다. 운집한 군중은 카라반 위에서 흥을 북돋는 응원 소리와 함께 삼성의 진행요원들이 미리 나누어준 파란색 응원 도구를 두드리며 릴레이 주자를 맞이했다.

우리는 손에 들고 두드리는 파란색 응원 도구는 물론 한쪽 면을 덮은 LED 디스플레이 차량과 4륜구동 파란색 바이크도 운행했다. 진행요원들은 차량 위에서 흥겨운 분위기를 연출했다. 새벽 4시부터 일어나 성화 봉송 주자를 안내하는 준비를 했고, 거리에서 시민들에게 응원 도구를 나눠주거나, 달리는 주자를 따라 함께 뛰며 사진 촬영과 인터뷰를 돕는 요원도 있었다. 릴레이 주자가 지나간 직후에도 거리에 아직 남아 있는 시민들과 함께 깃발을 들고 즐겁게 사진을 찍으며 올림픽 분위기를 고조시켰다.

우리의 노력이 빛을 발휘했다. 우리는 파란색 옷, 응원 도구, 풍선과 삼성 로고를 새긴 깃발, 피켓 등을 통해 영국 전역 1,000여 개의 마을을 파랗게 물들였다.

① 삼성의 성화 릴레이 카라반
② 코카콜라의 카라반
③ LED 화면을 부착한 응원 차량
④ 4륜구동 블루 바이크
⑤ 카라반 위에서의 응원

⑥ 삼성의 응원 도구를 든 어린 학생들
⑦ 릴레이 주자와 시민들
⑧ 달리는 주자들을 따라가며 사진 촬영과 인터뷰 등
　을 도왔던 진행요원 올리비아 브라이트
⑨ 릴레이 주자가 지나간 직후의 기념 촬영

70일간의 성화 릴레이 여정에는 저녁 축하행사Evening Celebration도 있었다. 총 120만 명이 저녁 행사에 참여했다. 이 축하행사는 성화가 하룻밤 머무는 66개 도시에서 열렸고 '삼성'과 '코카콜라'가 주최하는 쇼가 진행되었다. 우리는 2명의 힙합 DJ 겸 댄서를 고용해서 쇼도 진행했다.

그리고 66개 도시 저녁 축하행사에 운집한 관중의 사진을 찍어서 그 사진의 다운로드 서비스를 제공했다. '커다란 응원 소리Samsung Big Cheer'라는 이벤트였는데, 저녁 축하행사에서 찍은 군중 사진에서 자신을 찾아보며 여러 사람과 함께 있었던 순간을 추억하는 행사였다. 온라인에서 해당 마을 행사 페이지에 접속하면 사진을 찾아볼 수 있도록 했다.

삼성과 코카콜라는 성화 릴레이와 저녁 축하행사를 담당하는 후원사였다. 코카콜라는 1992년 바르셀로나 올림픽부터 성화 릴레이 행사를 담당했다. 코카콜라의 제안으로 1992년부터 성화 릴레이가 축제로 재탄생하게 된 역사가 있다. 삼성은 2004년 아테네 올림픽부터 참여했다. 국제올림픽위원회는 〈뉴스레터〉에서 "새롭고 흥미로운 것들을 통해 올림픽 성화의 여정에 많은 사람이 즐겁게 참여하는 계기를 제공했다"고 평했다.

아이들의 꿈과 희망을 향한 기부 릴레이

삼성에서 만든 런던 올림픽 관련 앱이 있었는데 그 앱에 대한 반응도 폭발적이었다. 우리는 이 모바일 앱을 통해 성화 릴레이를 체험하고 기부하는 사회공헌 캠페인인 '희망의 릴레이 Samsung Hope for Youth'를 진행했다. 성화를 들고 뛰는 것처럼 스마트폰을 들고 달리면 삼성에서 제공하는 기부 포인트(1킬로미터에 1유로)가 쌓이고, 그 포인트에 해당하는 금액을 삼성이 어린이를 위한 자선단체에 기부하는 이벤트였다.

영국뿐만 아니라 전 세계 18개 이상의 나라에서 수많은 사람이 참여했다. 한국에서만 1억 원을 어린이재단에 기부했으니 대단한 반응이었다. 영국의 경우 1마일을 완주할 때마다 1파운드가 적립되었고, 적립 기부금을 올림픽 조직 자선단체에 기부했다.

특히 이탈리아에서는 11만 4,000유로의 기부금이 모였다. 삼성의 이탈리아 법인은 이 기부금을 이탈리아의 아동복지기관 'SOS 어린이 마을SOS Villaggi dei Bambini'에 기부했다. 이곳은 불안정한 환경 때문에 관심과 사랑을 받지 못하는 아이들을 보살펴주는 기관이다.

펜싱 세계 랭킹 1위인 이탈리아의 펜싱여왕 발렌티나 베찰리 Valentina Vezzali, 런던 올림픽 리듬체조 동메달리스트인 엘리사

산토니Elisa Santoni 등의 선수들이 이 앱을 홍보하는 팀으로 참여하면서 이탈리아 전역에서의 참여는 폭발적이었다. 앱을 통한 기부 이벤트는 하계 올림픽 시기부터 패럴림픽 때까지 이어졌다.

영국, 독일, 프랑스, 이탈리아 등의 국가를 대상으로 파워블로거들을 선발, 올림픽 현장에서 다양한 스토리를 전하는 '삼성 글로벌 블로거' 프로그램도 있었다. 영국관광청과 협력해 영국의 박물관, 관광지, 음식점, 엔터테인먼트 등 풍부한 관광 정보가 담긴 애플리케이션 '베스트 오브 브리튼Best of Britain'도 출시했다. 올림픽 관련 뉴스와 다양한 게임을 제공하는 애플리케이션도 내놓았다. 이렇게 우리는 런던 올림픽을 후원하면서 '프리미엄 이미지'와 '브랜드 선호도'를 차곡차곡 쌓아나갔다.

경쟁만이 능사는 아니다

올림픽 시작 무렵부터 코카콜라나 맥도날드를 능가하는 마케팅 활동을 목표로 치열한 경쟁을 벌였지만, 동시에 우리는 그 전에 없었던 새로운 것도 시도했다.

우리는 올림픽 후원사로서 서로 힘을 합쳐 시너지 효과를 내보고자 했다. 그래서 코카콜라 담당자와 우리 담당자가 만나서 협력을 통해 더 나아질 수 있는 일을 찾아보게 했다. 그렇게

비자카드와 공동 개발한 올림픽 전용 '모바일 페이먼트'

B2BBusiness-to-Business로 코카콜라의 직원용 휴대전화를 우리가 판매하고, 코카콜라의 앱을 삼성 휴대전화에 설치해주었다.

비자카드도 올림픽 후원사였는데 우리와 더 구체적인 것을 함께했다. 우리는 비자카드와 함께 요즘의 간편결제 방식인 '모바일 페이먼트'를 시연했다. 삼성전자와 비자가 공동 개발한 올림픽 전용 '모바일 결제 앱'으로, 런던 올림픽 기간에 모바일 기기를 전용 리더기에 대면 간단하게 비자 결제가 이루어지게 한 것이었다. 이를 위해 우리는 올림픽 경기장 주변 3,000여 개 이상의 장소에 모바일 결제 시스템 시설과 네트워크를 구축했다.

올림픽 기간에 런던을 찾아오는 방문객들을 위한 계획도 실행했다. 런던아이London Eye는 런던의 템스 강변에 있는 대형 관람차로 런던 시내를 조망할 수 있는 가장 높은 전망대다. 런던시와 영국관광청은 런던아이를 올림픽 기간에 찾아오는 관광객들에게 더 많이 알리고 싶어했다. 런던아이는 회전하는 커다란 바퀴의 직경이 120미터쯤 되고, 사람들이 탑승하는 대형 캐빈Cabin이 32개이며, 한 번에 총 800명이 탈 수 있다. 매년 약 400만 명이 이곳을 찾아온다.

런던아이에 탑승해서 런던 시내를 구경하려면 30분쯤 그 안에 묶여 있게 된다. 회전하는 데 시간이 걸리니 조금은 심심하기도 하다. 그래서 캐빈에 '삼성 태블릿'을 넣어보기로 했다. 그렇

런던아이

런던아이 캐빈 내부에 설치한 삼성 태블릿

게 관광객을 위해 영국의 볼거리들을 안내하는 콘텐츠를 담아서 태블릿을 판매했다. 우리가 아이디어를 냈던 것인데, 자기네들은 생각하지 못했다며 좋아했다.

성화 릴레이의 절정에서, 삼성의 대표 주자로 달리다

우리는 이미 올림픽 시작 1년 전부터 다양한 활동을 시작했다. 가장 대표적인 행사는 올림픽의 불꽃을 여러 사람이 이어 달리며 운반하는 성화 봉송 릴레이였다. 성화 봉송 주자는 삼성전자와 코카콜라, 로이드은행Lloyds TSB이 공동으로 선정했다. 전 세계 58개국에서 1,360명이 참가했다.

성화 봉송에 참여하게 될 주자 명단은 삼성의 올림픽 홍보대사인 영국 축구선수 데이비드 베컴이 발표했다. 삼성의 또 다른 런던 올림픽 홍보대사인 요리사 제이미 올리버Jamie Oliver와 첼시 FC의 축구선수 디디에 드로그바Didier Drogba 등이 참가했고, 한국에서는 삼성전자 광고 모델 이승기, 차범근 전 축구 감독, 희망 사연 응모로 선발한 일반인 등 총 24명이 참가했다. 성화 릴레이가 시작된 후 70일간 총 1,300만 명이 거리로 나와 응원했다.

올림픽 개최 하루 전, 성화 봉송 릴레이의 절정이었던 7월 26일(성화 봉송 69일차) 런던 중심가에서 펼쳐지는 성화 봉송 행사에

는 반기문 당시 유엔사무총장도 참가했다. 그날 나도 영광스
럽게 반기문 총장과 같은 대열에서 절정에 이른 릴레이에 참
가해 올림픽의 성화를 들었다. 근처에 세계적인 현대미술관 테
이트모던Tate Modern Museum이 있는 런던의 유명 중심지 서덕
Southwark 지구를 삼성의 대표 주자로 달렸다.

한국은 런던 올림픽에서 금메달 13개, 은메달 9개, 동메달 9개를 따내며 종합 5위에 올랐고, 스포츠 강국의 반열에 올라 국제사회에서 위상도 더 높아졌다.

한편, 올림픽 선수들 외에도 올림픽 후원에 나섰던 기업들도 잘했다는 평가가 있었다. 기업들은 올림픽에서 마케팅 경쟁을 치열하게 벌인다. 런던 올림픽에서는 삼성, P&G, 코카콜라가 특히 주목을 받아서 이들 3사의 올림픽 마케팅에 대해 취재도 많이 해갔다. P&G는 'Thank You Mom' 캠페인을 했는데 인상 깊었다. 올림픽에 출전한 선수들의 어머니를 응원하는 내용으로 세상의 모든 어머니를 응원한다는 의미였다. 코카콜라는 음악과 젊음을 강조하는 'Move to the Beat' 캠페인을 벌였다.

우리는 삼성전자의 스마트 기술을 통해 더 많은 사람들이 올림픽을 가깝게 느끼도록 하자는 것과 삼성이 사회적 가치를 생각하는 기업이라는 점에 중점을 두었다. 우리의 주제는 '모든 이의 올림픽Everyone's Olympic game'이었다.

2012년 8월 10일 영국의 스포츠뉴스 웹사이트 〈인사이드더 게임스Inside the Games〉는 올림픽 후원사의 마케팅 반응조사 결과를 토대로 '삼성전자와 코카콜라가 금메달 트랙에 올라섰다'는 기사를 썼다. "소셜 미디어에 나타난 대중의 반응조사에 따르면, 다른 후원사들을 물리치고 삼성과 코카콜라가 가장 많이 언급되었고 호의적인 반응을 얻었다. 특히 삼성의 '갤럭시' 제품에 대한 언급이 많았고, 삼성에 대한 반응이 강하게 나타났다"고 보도했다. 이 조사에서 일부 후원사는 거론 빈도수는 높았지만 그 내용이 매우 부정적인 경우도 있었다.

올림픽 이후에도 계속 이어지는 도전과 감동

런던 올림픽이 끝난 직후 8월 29일부터 9월 9일까지는 패럴림픽(Paralympics, 장애인 올림픽)이 열렸다. 영국의 런던 올림픽 주최 측에서는 패럴림픽에 특히 더 관심을 기울였다. 그리고 우리도 애정을 더 쏟았다. 하계 올림픽은 프랑스 사람인 피에르 드 쿠베르탱Pierre de Frédy, Baron de Coubertin, 1863~1937의 제안으로 출발했지만 패럴림픽의 기원은 다르다.

패럴림픽은 2차 세계대전이 끝난 1948년 영국의 참전 용사들 가운데 허리를 다쳐서 움직이기 어려운 사람들의 모임에서 시작되었다. 척추 상해자들의 경기에서 비롯되었기 때문에 '하반신 마비paraplegic'라는 단어와 '올림픽Olympic'을 결합한 패럴림픽Paralympics이라는 합성어로 출발했다가, 다른 장애가 있는 사람들의 경기까지 포함되면서 하계 올림픽과 '나란히para' 개최된다는 뜻으로 그 의미를 변경했다.

첫 번째 대회는 1948년 올림픽 시기에 맞추어 휠체어 경기로 출발했다. 모든 장애인을 포함하는 대회로 개최된 것은 1960년부터다. 1960년 로마 올림픽 때부터 하계 올림픽을 개최한 나라에서 패럴림픽이 열렸다.

패럴림픽의 역사적 근원지가 영국이다 보니 영국인들의 패럴림픽에 대한 관심은 특별했다. 나 또한 삼성 브랜드를 알리면서도 우리가 사회적 공헌, 사회적 약자를 위한 일에 관심을 쏟는 것이 곧 성숙한 브랜드로 가는 길이라고 생각했다.

그때 올림픽 담당 주재원으로 일하던 직원이 '스포츠는 상관하지 않는다Sports Doesn't Care'라는 주제로 영상을 만들었다. 메시지를 더 풀어서 설명하면 "스포츠는 당신이 어떠한 사람인지 상관하지 않는다"로, 스포츠는 누구든 차별하지 않으니 더욱 최선을 다하라는 뜻이었다. 다른 이의 도움이 필요한 사람이라는 장애인에 대한 편견 대신, 그들을 건강한 한 사람의 인간으로 바라보자는 취지였다. 장애인 선수들이 스포츠 자체를 즐기며 경쟁하고, 훈련하며 활기차게 나아가는 영상을 제작해서 동영상 공유 플랫폼인 유튜브에 올렸다.

이 영상은 유튜브에 처음 공개된 지 열흘 만에 조회수 300만 회를 넘겼다. 앞이 보이지 않는 브라질의 유도 선수, 양쪽 다리가 없는 프랑스의 수영 선수를 향해 코치들이 "지금 최선을 다하고 있는 건가?" "더 빨리, 더 빨리! 아직 멀었어!"라며 장애인 선수들을 일반인처럼 대하면서 다그치는 영상이다. 육상, 양궁, 수영, 사이클 등에 참가하는 장애인 선수들이 장애를 뛰어넘는 격정적인 훈련 모습을 담았다.

패럴림픽 출전 선수 사이에서 "내가 정말 하고 싶었던 얘기를 담아냈다"는 소문이 돌면서 선수들이 자신의 소셜네트워크SNS에 이 영상을 올리기 시작했다. 장애가 있는 사람들로부터 폭발적인 호응을 받았다.

나는 런던 패럴림픽의 정식 시상자로도 참여했다. 내가 시상한 종목은 남자 200미터 육상 경기였는데, 시상식 직전에 대기실에서 수상자들을 먼저 만날 수 있었다. 올림픽에서 금, 은, 동 메달을 따낸 선수들이니 대기실은 축제와 환호, 기쁨이 넘쳐나는 분위기일 것이라고 짐작했는데 아니었다. 안내를 받아서 그 방에 들어갔더니 메달 수상자인 그들은 누워 있었다. 제대로 앉아 있지도 못하는 모습, 고통스러운 모습이었다.

그들에게서 나는 충격과 감동을 동시에 받았다. 장애의 불편과 아픔도 있지만 극복을 위해 최선을 다한 모습, 바로 앞에 펼쳐질 시상식의 기쁨과 환호 이전에 몸이 느끼는 힘든 과정을 여전히 넘어서고 있는 모습이라서 가슴이 뭉클했다. 시상대에 오르기 위한 도전 과정에서 얼마나 많은 것을 극복하려고 있는 힘을 다해 노력했는지가 내 눈에 보였다. 그들의 도전에 감동하면서 나는 그들의 목에 자랑스러운 메달을 걸어주었다.

내가 시상한 '200미터 T35' 경기의 금메달 수상자는 그날 경기에서 유럽 신기록을 수립한 우크라이나의 유리 차루크Iurii Tsaruk였다. 'T35' 카테고리는 뇌성마비 장애인이 포함되는 경기다. 뇌성마비인 그는 "모든 체력을 경기장 트랙에 다 쏟았다. 남아 있는 힘이 전혀 없다"는 소감을 남겼다. 은메달은 중국, 동메달은 아르헨티나 선수가 받았다.

3장

유럽 문화 속에 '삼성'의 깃발을 꽂다

프리미엄 브랜드의 상징, 런던의 해러즈 백화점

영국 런던의 중심부 하이드 파크 남쪽의 브롬턴길Brompton road에 있는 해러즈Harrods 백화점은 영국 고객은 물론 세계 각지에서 매년 1,500만 명이 방문하는 곳이다. 1849년 설립되었는데 1898년 세계 최초로 에스컬레이터를 설치한 백화점이기도 하다. 런던에 있지만 유럽의 프리미엄 매장을 대표하는 상징적인 백화점으로 전 세계의 명품 고객을 대상으로 이벤트를 기획한다.

해러즈 백화점

영국 법인장 시절, 세계적 명품 백화점으로 꼽히는 해러즈에 우리 제품을 넣는다면 명품 브랜드로서의 입지를 확실히 다질 수 있겠다는 생각으로 입점을 추진했다. 그리고 마침내 입점에 성공해 명품 브랜드로 인정받게 되었다. 백화점 측에서도 삼성전자와 같은 혁신기업을 유치하게 되어 자신들의 브랜드 가치 향상에 도움이 되었다고 했다.

그전까지는 1899년 설립된 독일 기업 '밀레Miele'가 주방가전 분야에서 세계 최고의 브랜드였다. 밀레 못지않은 브랜드로 1847년 설립된 독일 기업 '지멘스Siemens'의 위상도 높았는데, 지멘스는 해러즈 백화점에서 빠져나갔다. 결과적으로 '삼성'과 '밀레' 두 브랜드만 해러즈 백화점에 전용매장을 갖게 되었다. 두 회사의 매장 크기는 동일했다. 삼성이 밀레와 어깨를 나란히 하게 된 셈이다.

이것은 오랜 역사를 가진 명품 브랜드와 삼성이 대등한 위치가 된 상징적인 사건이었다. 그동안 해러즈 백화점은 생활가전 분야의 산업 강국인 미국의 'GE'나 일본의 '파나소닉' 등의 입점을 허락하지 않았다. 패션이나 소비 제품 분야의 유럽 명품 브랜드도 해러즈에 입점하기는 어려웠다. 혁신적인 제품으로 널리 인정받고 브랜드 파워가 막강하거나 브랜드의 가치와 철학을 인정받아야만 입점이 가능했는데, 결국 우리가 해냈으니 각별한 의미가 있다.

전 세계 부호들에게 가 닿을 기회

프리미엄 브랜드의 상징인 해러즈 백화점 입점은 '백만장자 마케팅'의 일환이기도 했다. 해러즈 백화점은 최상급 고객들 V.V.V.I.P인 전 세계 부호들에게 12만 부 이상의 잡지를 발송하고 있었는데 그 지면을 통해서도 삼성의 브랜드를 상세히 알릴 수 있었다.

이와 같은 명품 마케팅의 연장선에서 우리는 프랑스 남부나 이탈리아의 휴양지 사르데냐Sardegna섬 같은, 최상급 백만장자 고객이 있는 커뮤니티에도 체험형 프리미엄 매장을 설치했다.

2007년과 2010년 사이에 프랑스에서 우리가 실행한 '쿡 마케팅'은 그 뒤로 유행의 바람이 불면서 더 확대되었다. 한국에서도 요리에 대한 그동안의 인식을 바꾸는 변화의 바람을 불러일으켰다. 그동안 '쿡 마케팅'에 특별한 관심을 갖고 아낌 없는 응원과 격려를 보내주시던 윤부근 사장이 가전 사업부 전체를 맡으면서 서울 본사에서도 '쿡 마케팅'을 본격적으로 시작했다. 요리와 관련이 있는 생활가전 사업부가 냉장고나 전자레인지 같은 제품에 '쿡 마케팅'을 도입해 프랑스의 미슐랭 3스타 셰프인 미셸 트루아그로Michel Troisgros를 본사의 홍보대사로 선정

사르데냐섬

해러즈 백화점에서 요리를 선보이는 미셸 트로와그로

했다. 그리고 한국에서 신제품 냉장고를 출시하면서 '셰프 컬렉션'이라는 이름을 붙였다.

2013년 9월, 해러즈 백화점에 삼성이 입점하는 오픈 행사에서도 미셸 트루아그로가 요리 시연을 했다. 그 자리에서 그는 생활가전을 활용한 조리 과정을 공개하며 특별한 요리를 선보였다. 160년 역사의 유럽 대표 명품 백화점에 상설 가전 매장을 열면서, 삼성의 생활가전 제품이 혁신적인 기술뿐만이 아닌, 요리를 위한 공간으로서의 주방을 완성한다는 의미를 추가할 수 있었다.

영국 버밍엄, 세계 최대 도그 쇼

애견 문화의 세계 최고 성지는 영국이다. 영국 중부 버밍엄에 서는 '크러프츠Crufts'라는 세계 최대 명견 쇼가 해마다 3월 초, 목요일에서 일요일까지 사흘 동안 열린다. 2011년 기준 14만 명의 관람객이 방문할 정도로 인기가 많다. 이 대회는 1891년부 터 열렸으니 역사도 깊다.

찰스 크러프츠Charles Crufts가 사냥개들의 우수성을 겨루는 대회를 만든 것이 명견 대회의 시초다. 그는 세계 최초의 개 비 스킷dog biscuit, 개 케이크dog cakes 제조회사 '스프라츠Spratt's' 에 입사해 총지배인이 된 사람으로, 개 비스킷 홍보를 위해 '도 그 쇼'를 기획했다. 1878년에는 파리의 만국박람회에서도 '도그 쇼'를 선보였다. 자신의 이름을 따서 '크러프츠'라고 명명한 제 1회 대회는 1891년 런던에서 열렸고 36견종, 총 2,000여 마리의 개가 참가했다. 이후 크러프츠 대회에 빅토리아 여왕을 비롯한 왕실이 참여하면서 권위가 높아졌다.

크러프츠가 세상을 떠난 뒤 1948년부터는 영국 켄넬클럽The Kennel Club이 이 대회를 주관하고 있다. 처음에는 런던에서 열렸 는데 인기가 높아지면서 대회 규모가 점점 커져서 1991년 100 주년이 되던 해에 더 넓은 곳을 찾아 버밍엄으로 옮겼다.

크러프츠 명견 쇼

크러프츠 대회는 여러 종목으로 진행된다. 특정한 작업을 수행하는 훈련 테스트, 사람과 함께 하거나 단독 또는 애견 팀들이 경주를 벌이는 스포츠, 재빠르게 장애물 코스를 통과하는 구조견의 '민첩성Agility 경기', '플라이볼Flyball'이라는 팀 경기, 개와 함께 춤을 추는 애견 댄스 시합도 있다,

'플라이볼'은 4마리 개로 구성된 한 팀이 장애물을 넘어서 목

적지의 공을 물고 돌아오는 2개 팀끼리의 릴레이 경기이다. 애견 댄스Heelwork to Music는 '개와 함께 춤을Dancing With Dogs'이라고도 하는데, 조련사와 애견이 음악에 맞춰 함께 춤을 추다가 나중에는 개 혼자서 춤을 추는 방식이다. 프리 스타일Free style로 춤을 추면서도 개가 수행해야 하는 개 댄스Heelwork의 기본 동작을 수행해야 한다.

각 품종의 표준에 따라 애견의 순종을 평가하는 '컨포메이션 쇼conformation show' 부문은 대회의 마지막 날 그해 최고의 개, BISBest In Show를 선정해 발표한다. 마지막 날 행사는 BBC TV가 생중계하는데 BBC는 이미 1950년부터 이 대회를 중계했다. 2007년에는 7개 그룹 180여 종, 2만여 마리의 개가 참가했다.

기업의 사회적 책임

이 대회에는 애견 관련 제품 등을 전시하는 공간도 마련되어 있다. 삼성은 1993년부터 '크러프츠' 대회를 후원하면서 행사장 내에 전시 부스를 운영해 최신 기술을 선보여왔다.

이 대회를 주관하는 켄넬클럽은 1873년에 설립된 세계에서 가장 오래된 개 관련 단체이고, 개의 품종을 관리하는 영국 국가등록부 관리기관이다. 삼성이 후원하면서 진돗개를 켄넬클럽의 정식 품종으로 등록하는 길이 서서히 열렸다. 삼성의 이건희 회장이 2002년 켄넬클럽 신규품종위원회 위원장에게 진돗개 6마리를 보내 영국에서 기르게 하면서 진돗개를 알리기 시작했고, 이후에는 진도군이 등록 절차를 진행해 2005년에 등록되었다. 그동안 이 기관에 등록된 190여 종의 공인품종에 일본 4개 품종, 중국 6개 품종이 들어 있었던 반면, 한국의 천연기념물인 진돗개는 미등록 상태였다.

2013년에도 삼성은 이 대회의 공식 후원사였다. 우리는 버밍엄 크러프츠 대회에 가서 삼성 제품 전시회를 열었다. 삼성의 전자 기기들이 애견인들에게 도움이 수 있기를 바라면서, 애견과 즐거운 시간을 갖는 이벤트도 마련했다. 갤럭시 노트의 드로잉 기능으로 제공한 애견과의 스케치는 큰 호응을 받았다. 첨단 기술이 이롭게 공유되는 순간이었는데 기업의 사회적 책임을 다한다는 느낌에 즐거운 시간이었다. 2012년에는 '영국 안내견 협회Guide Dogs for the Blind Association, GDBA'에 시각장애인을 돕는 안내견 양성을 위해 기부금도 전달했다.

승마 쇼의 나라 아일랜드

승마는 아일랜드 사람들이 즐기는 대표적인 스포츠 가운데 하나다. 그런 만큼 아일랜드에서는 승마 쇼가 열리는 기간이 곧 축제의 나날이다. 더블린에서 8월에 열리는 '더블린 승마 쇼Dublin horse show'는 1864년부터 시작되었다. 5일 동안 이어지는 승마 쇼에는 '조랑말 타기' 같은 어린이 프로그램, '여성의 날'이라는 프로그램도 있고 다양한 거리 공연도 펼쳐진다.

이때 여성들은 특별한 모자를 쓰고 가는 아일랜드만의 전통이 있다. 손수 멋을 부려 만들거나 어머니, 할머니에게 물려받은 독특한 모자를 쓰고 복장도 저마다 예쁘게 차려입는다. 가장 아름다운 옷차림과 모자를 뽐내는 대회도 열린다. 우승한 여성은 거액의 상금을 받는다. 남자들은 예복 차림의 정장에 신사 모자를 쓰기도 하는데 의상을 빌려주는 대여점도 있다.

'더블린 승마 쇼' 기간에는 국제승마연맹FEI이 주최하는 국제 대회도 열린다. 2003년 삼성전자는 국제승마연맹과 '삼성 슈퍼 리그' 승마 대회의 후원 계약을 체결했다. 2006년 대회에는 영국, 독일, 프랑스, 스페인 등 8개국이 참가했다. 이 대회는 아일랜드 대통령 등 3만여 명이 참관했다.

당시 아일랜드의 여성 대통령 메리 매컬리스Mary McAleese 옆

2007년 삼성 슈퍼리그(아일랜드 더블린)

에 내 자리가 마련되어서 대통령과 나란히 앉아 경기를 관람했다. 두 시간 동안 이어지는 경기 도중 환담 시간이 있어서 대통령과 이야기를 나누었다.

그때 메리 대통령은 몇 달 전인 2005년 한국에 다녀왔다면서 한국과 아일랜드는 유사한 점이 많다고 했다. 첫 번째는 역사적인 배경, 즉 한일 관계의 역사가 아일랜드와 영국 사이의 역사와 닮아 있다는 것이었다. 두 번째는 한국에서 이화여대를 방문했을 때 전해 들었다는 것인데, 한국은 여성 파워, 특히 엄마들의 교육열이 대단하다고 하니 그 점도 똑같다고 했다.

그리고 세 번째는 개인적으로 가장 인상 깊었던 것이라고 했다. 아일랜드 사람들은 과거 역사의 과정에서 희생을 당한 약자이기 때문에, 전 세계 어느 곳에 살든지 모두 '아이리시 커뮤니티'를 만든다고 했다. 아일랜드 사람들끼리 한 지역에 모여 사는데, 한국에는 아이리시 커뮤니티가 없어서 놀랐다는 것이다. 그래서 아일랜드 사람들을 만나 물어보았더니 "한국 사람들이 친절해서 커뮤니티가 필요 없다"는 말을 들었다고 했다.

전통과 함께하는 친근한 브랜드

2007년 8월에 열린 승마 대회에는 영국, 독일, 프랑스, 아일랜드 등 총 9개 나라가 참가했다. 아일랜드 국영 방송 RTE를 통해 전국에 생중계되었고, 메리 매컬리스 아일랜드 대통령 내외 등 3만여 명이 경기를 지켜보았다. 유로스포츠 채널과 ESPN 등을 통해서도 유럽 전역과 미국, 아시아 일부 지역까지 녹화 영상이 중계되면서 삼성 브랜드가 전 세계에 노출되었다.

더블린에서 우리는 '프리미엄 브랜드'로서의 위상을 높이기 위해 전통과 함께하는 친근한 브랜드의 이미지를 구축하려고 애썼다. 경기장 내에 삼성 휴대전화와 TV, 캠코더, MP3 플레이어, 프린터 등을 체험할 수 있는 전시장도 운영했다.

이 대회는 1930년부터 스위스 로잔에 본부를 둔 국제승마연맹이 주최했다. 1987년부터 후원사 형식이 생기면서 명칭이 달라졌다. 최초의 후원사는 이탈리아 가죽 패션 브랜드 구찌Gucci여서 그 시절의 대회명은 '구찌 트로피'였고, 1997년 삼성이 후원하면서 1997년부터 2002년까지는 '삼성 네이션스컵'이었다. 그리고 2003년에 다시 후원 계약(계약 기간 3년)을 체결하고 2006년에 연장 계약을 하면서 2008년까지는 '삼성 슈퍼리그'라고 불렸다.

2013년부터는 '후루시야 네이션스컵Furusiyya FEI Nations Cup'이라고 불린다. '후루시야'는 페르시아 문명에서 비롯된 고대 로마 비잔틴 시대의 '승마술'이라는 의미다.

더블린의 기네스 맥주 박물관

아일랜드 더블린에는 기네스 맥주 박물관인 '기네스 스토어하우스Guinness Storehouse'가 있다. 더블린 여행자라면 꼭 방문하는 곳이다. 과거 맥주 발효 공장이었던 곳을 박물관으로 만들어서 2000년에 개관했다. 기네스 맥주는 1759년 이곳에서 시작된 세계 최고의 흑맥주다. 널리 알려진 《기네스 세계기록》은 이 회사가 매년 발간하는 독특하고 신기한 최고 기록들을 엮은 책이다.

'기네스 스토어하우스'는 7층 건물이다. 맥주의 4대 원료인 물, 보리, 홉, 효모로 맥주가 만들어지는 과정을 볼 수 있다. 기네스 맥주의 창업자 아서 기네스Arthur Guinness에 관한 소개, 기네스 광고 역사 등 다양한 것들이 전시되어 있다.

창업자 아서 기네스는 1차 세계대전이 벌어지자 군에 입대한 직원 800명의 급료 절반을 전쟁 기간에 가족에게 지급하면서 일자리도 보존해주었다고 한다. 이후의 기네스 경영자인 휴 비버Hugh Beaver는 어느 날 사냥 모임에서 새 사냥을 나갔다가 새가 너무 빨라서 한 마리도 잡지 못했다. 유럽의 새 중에서 어느 새가 가장 빠른지 찾아보았지만 정확한 답을 찾을 수 없어서 각종 기록을 묶은 책을 생각해냈다. 1955년 크리스마스에 처음 발행한 《기네스 세계기록》은 곧바로 베스트셀러가 되었고, 기네스 브랜드를 널리 퍼뜨리는 효과도 일으켰다.

기네스 스토어하우스에서는 전용 맥주잔에 맥주를 따르는 법 등 기네스 맥주의 시음법을 알려주는 체험 프로그램도 진행된다. 7층에는 더블린 시내를 360도 돌아가며 한눈에 조망할 수 있는 '스카이라운지'가 있는데 맥주 한 잔을 무료로 제공한다.

이곳은 개장 이후 방문한 사람이 총 2,000만 명이 넘는 세계적인 관광명소. 그래서 나는 기네스의 책임자를 만나서 스카이라운지에 삼성 TV를 놓으면 어떻겠냐고 제안했다. 기네스 관련 내용을 모니터를 통해서도 볼 수 있다면 더 좋을 것이라고 설득했다.

그렇게 해서 그곳 스카이라운지에 삼성의 대형 모니터를 설치했고, 화면을 통해 기네스 관련 정보를 제공했다. 우리의 입장으로만 보면 그곳에서 삼성 TV를 만나는 경험을 추가한 것이지만 사실은 기네스와 우리가 더 좋은 가치를 공유한 것이다.

마케팅의 관점에서는 우선 브랜드를 알리는 인지 단계가 있고, 그다음에는 좋아하는 단계가 있고, 더 나아가서 감성적인 유대감을 갖게 되는 사랑의 단계가 있다. 수많은 방문객이 넘쳐나는 그곳에 놓인 삼성 TV는, 삼성의 브랜드가 고객과 만나면서 감성적인 결합 또는 유대를 맺는 시발점이 될 것이다.

2부

기술이 예술가 만나
꽃을 피우다

프랑스에서 전개한 문화 마케팅

휴대전화, 텔레비전, 냉장고, 전자레인지 등 삼성은 프랑스 시장에서 시장점유율 1위를 달렸다. 휴대전화는 2005년 이후, 양문형 냉장고와 TV 등은 2006년 이후 줄곧 1위였다. 2010년 말에 삼성이 점유율 1위를 기록하는 부문은 8종류였다.

브랜드 인지도에서도 일본 회사를 앞질렀다. 유럽의 시장조사기관 GFK가 발표한 자료에 따르면, 삼성은 2009년 TV 브랜드 소비자 인지도 지수에서 42점을 기록했다. 2위인 소니는 16점에 불과했다. 'TV는 삼성'이라는 인식이 프랑스 소비자들에게 각인되었다.

문화 마케팅은 삼성 브랜드의 고급화, 프리미엄 전략의 핵심이었다. 프랑스에서는 삼성 제품이 강한 브랜드 파워를 바탕으로 비싸게 팔렸다. GFK의 조사에 따르면, 삼성은 2010년 프랑스 TV 시장에서 판매 대수 기준으로 27.1%를 차지했는데, 판매액 기준으로는 31.6%의 시장점유율을 기록했다. 판매액이 판매 대수보다 높다는 것은 그만큼 고가의 제품을 많이 판매했다는 뜻이다. 그 무렵 유통업체 다띠Darty 매장에 전시된 116센티미터형 LED TV의 판매가는 삼성이 1,499유로(약 226만 원), 유럽 제품은 1,349유로(약 203만 원), 일본 제품은 1,299유로(약 196만 원)였다. 문화 마케팅을 통해서 삼성은 고급, 명품 브랜드의 자리를 확고히 잡기 시작했다.

프랑스에서 '1등 삼성'을 실현한 또 다른 비결은 '현지화 전략'이었다. 삼성전자 파리 법인에 근무하는 직원 400여 명 중 한국에서 온 주재원은 11명뿐이었다. 현지에서 채용한 한국인을 모두 합쳐도 서른 명에 못 미쳤다. 현지의 프랑스인들이 중심이 되어 프랑스의 마음을 파고든 것이 성공의 바탕이었다.

1장

음식에 대한 애정이
이 정도일 줄이야!

프랑스 법인장으로 있던 2007년에서 2010년 사이에 나는 니콜라 사르코지Nicolas Sarkozy 프랑스 대통령을 두 번 만났다. 그중한 번은 2008년 엘리제궁Le Palais de L'Élysée에서 거행된 훈장 수여식에서였다. 그 무렵 삼성이 프랑스에서 후원하는 셰프가 있었는데, 그가 대통령 훈장을 받게 되어 수여식에 나를 초대했던 것이다. 겨우 몇십 명만 초대하는 행사였는데 후원사 대표인 나를 특별히 초대해주었다. 우리가 영국에서 '첼시 FC'와 서로 잘 맞아서 큰 성과를 이루었듯, 프랑스에서는 그 셰프와의 마케팅 궁합이 상당히 좋았다.

음식에 대한 남다른 관심

당시 우리가 후원한 셰프는 프랑스 파리의 브리스톨 호텔 Hôtel Le Bristol에 있는 레스토랑 '에피큐어Épicure'의 요리사 에릭 프레숑Éric Fréchon이다. 브리스톨 호텔은 프랑스 대통령의 집무실 겸 관저인 엘리제궁 근처에 있는 호텔이다. 에릭 프레숑은 1963년생으로 2008년 '레지옹 도뇌르Légion d'honneur' 훈장을 받았다.

이 훈장 수여 소식이 내게는 신선한 충격이었다. '레지옹 도뇌르'는 프랑스 훈장 가운데 최고의 명예로, 1802년 나폴레옹이 처음 제정한 뒤 프랑스의 정치, 경제, 사회, 문화 등 각계 전반에 걸쳐 특별한 공로가 인정되는 사람에게 수여한다. 당시의 나로서는 요리사가 레지옹 도뇌르 훈장을 받는다는 사실이 새롭고 놀라웠다.

요리사가 레지옹 도뇌르 훈장을 받는다는 것이 내게 첫 번째 충격이었다면, 두 번째로 나를 놀라게 하는 것이 또 있었다. 훈장 수여식의 절차가 어떨지 궁금했는데, 사르코지 대통령이 단상에서 오르더니 훈장 수여에 관한 연설을 시작했다. 나를 놀라게 한 것은 연설의 내용보다는 연설 시간이었다. 대통령의 말은 15분 넘게 이어졌다. 요리사에게 프랑스 최고의 훈장을 주

에릭 프레숑

훈장 수여식에서 만난 사르코지 대통령과 에릭 프레숑

는 것도 놀라웠지만, 대통령이 그 요리사에게 훈장을 수여하게
된 사연을 각별한 의미를 담아서 길게 이야기하는 모습 또한
신선했다. 그저 보통의 간략한 연설이 아니었다. 그것이 내게는
또 굉장한 충격이었다.

에릭 프레숑은 내 팔을 잡아끌고 사르코지 대통령에게 인도
했다. 나는 대통령과 인사를 나누었다. 사르코지 대통령은 삼
성이 와주어서 고맙다고 했다. 그리고 훈장 수여식 행사는 파
티로 이어졌다. 그런데 파티 도중에 내가 알고 지내던 안보보좌

관이 다가오더니 대통령에게 나를 소개하겠다고 했다. 나는 조금 전에 대통령과 이미 인사를 나누었다고 했지만 결국 안보보좌관에게 이끌려 사르코지 대통령과 다시 또 인사를 나누게 되었다. 대통령은 "아까 봤지요!"라고 했다. 그래서 한 자리에서 두 번이나 대통령과 인사를 나누는 일이 벌어지기도 했다.

15분 vs. 1시간 30분

사르코지 대통령과의 두 번째 만남은 대통령의 직접 초대를 받아 이루어졌다. 어떤 행사에 초대한 것인지 내용을 알지 못해서 내게 연락한 사람에게 물었더니 그는 그저 "가보면 안다"라고만 했다. 알고 보니 초대받은 사람은 프랑스의 유명 셰프 다섯 명과 나였다. '이들이 나를 요리사로 착각했나?' 하고 잠시 의아하다는 생각이 들었다.

파리 시내 명품 거리인 샹젤리제 옆에 있는 엘리제궁에서 방문 절차를 간단히 마치고 대통령을 만나기 위해 대기실에서 기다렸다. 기다리다가 창밖을 내다보았더니 외국에서 온 국빈 맞이 행사가 열리고 있었다. 프랑스 TV 뉴스에서 자주 보았던 국가 행사가 엘리제궁의 자그마한 마당에서 진행되고 있었다. 어느 나라에서 온 국빈인지는 모르겠지만 사르코지 대통령의 국빈 행사는 10분이나 15분쯤으로 짧게 끝났다.

그런데 특이하게도 나와 요리사들이 참석한 우리 행사는 무려 1시간 30분이나 이어졌다. 10여 분간의 국빈 행사를 끝내고 온 사르코지 대통령은 요리사들과 대화를 나누면서, 레스토랑의 손님은 어느 나라에서 온 사람들이 많은지 등 여러 가지 질문을 했다. 내게는 한국 대통령에 관한 이야기도 잠깐 했지만, 한국 음식이 아주 좋다는 말을 더 강조했다.

이후 행사는 엘리제궁의 주방을 둘러보는 '키친 투어'로 이어졌다. 프랑스 문화에서 유명 셰프 키친으로의 초대는, 초대받은 사람을 최고로 모신다는 뜻이어서 특별한 추억이 된다. 그런 까닭에 내가 초대받은 엘레제궁의 '키친 투어'는 사르코지 대통령이 준 특별한 선물이었다.

엘리제궁의 주방을 둘러보며 안내를 해준 사람은 엘리제궁의 총주방장이었다. 그곳에서 몇 분의 프랑스 대통령을 거치면서 오랫동안 근무한 사람이었다. 그에게 나는 "무엇이 세계 최고의 요리를 만드는가?"라고 물어보았다. 훌륭한 셰프의 능력인지 아니면 엘리제궁 주방 같은 좋은 시설인지 아니면 재료인지 물었다. 그는 주저하지 않고 '식재료'라고 답했다. 제철에 맞는 신선하고 좋은 식재료를 가장 중요한 것으로 꼽았다.

유네스코 세계문화유산이 된
프랑스의 미식 문화
—

파리의 생루이섬Île Saint-Louis에는 '라 투르 다르장La Tour d'Argent'이라는 아주 오래된 레스토랑이 있다. '투르 다르장'은 은탑Silver Tower이라는 뜻이다. 은빛이 감도는 돌을 탑 모양으로 쌓아올려 건축한 여관 겸 식당이었다. 지금도 이 레스토랑의 외벽에는 은탑이라고 부르던 시절의 옛 건물 그림이 있다. 우리나라 경주의 첨성대와 비슷한 모습의 석조건물 성채이다.

이 레스토랑은 1582년에 문을 열었다. 건물은 나폴레옹 시대를 지나면서 재건축되고 이후에 구조도 조금 바뀌었지만, 현재까지도 그 자리에 있으니 장구한 역사를 가진 곳이다. 프랑스 왕 앙리 4세가 자주 방문했다고 한다. 그래서 식사 도구로서 나이프와 포크를 사용하기 시작한 레스토랑이라고 한다.

나이프와 포크는 이탈리아 피렌체의 메디치 가문에서 프랑스 왕궁으로 전파된 물품이었다. 앙리 2세의 왕비가 되면서 카트린 드 메디치Catherine de Médicis가 이끌고 온 장인들, 가지고 온 물품들을 통해 선진 피렌체 문화가 프랑스에 들어왔다. 이때(1533년) 피렌체에서 카트린이 데리고 온 요리사들로부터 식탁 문화를 비롯한 프랑스 요리의 역사가 시작되었다.

Le Numéro de votre Canard   1081278   ᴢ.ᴏᴏ9. ⨍. ᴢ9   ₁₃ʰ.ₒₒ (depuis 1890)

Restaurant

Salon Particulier

André Terrail
Propriétaire

15, quai
de la Tournelle
Paris Vᵉ

Tél. : 01 43 54 23 31
Fax : 01 44 07 12 04

생류이성과
노르단 성별
에헤다보며

Fermé le lundi

ᴢ.ᴏᴏᴏ년전
파리기탄생과

/. ᴏᴏᴏ년전
노르단 상양
그리고 오늘
mᴏı

Frédéric préparant son célèbre Canard

LA TOUR D'ARGENT

Le plus ancien Restaurant de Paris 1582

라 투르 다르장(La Tour d'Argent) 고유번호 카드

　이곳은 프랑스 문학의 대표적인 시인 샤를 보들레르Charles Baudelaire가 즐겨 찾았던 레스토랑이기도 하다. 한때 보들레르는 이 레스토랑 근처에 거주했었다.

　1890년 이곳에서 특별한 오리 요리canard au sang/duck in blood 레시피를 완성해서 유명해졌다. 구운 오리 요리인데, 압착기로 눌러 뽑아낸 오리 피와 골수를 섞어 만든 소스를 이용한다. 그리고 바로 그때부터 오리 요리에 각각의 고유번호를 매긴 카드를 만들어서 손님들에게 나눠주기 시작했다. 고유번호 카드는 현재까지도 발행된다.

이 레스토랑을 평가한 미슐랭 가이드의 별은 3개였다가 2000년대 이후에는 1개로 줄어들었는데, 이 레스토랑의 장구한 역사에 비하면 그까짓 별은 대수롭지 않을 수도 있다. 나는 이 레스토랑의 고유번호 카드를 아직도 간직하고 있다. 미국의 루즈벨트 대통령, 배우 찰리 채플린도 고유번호 카드를 받았다.

프랑스에서 '요리 마케팅'을 하면서 나는 유명 셰프의 레스토랑에 여러 번 가보아야 했다. 아침부터 저녁까지 연이어서 경험한 날도 있어서, 미슐랭의 별로 따지면 이틀 사이에 별 10개가 넘는 곳에서 먹어야 하는 호사같은 고생을 하고, 끝내 한식당으로 달려가 김치찌개로 느끼함을 달래야 했다.

유명 셰프의 레스토랑 주방 안에는 '셰프룸Chef's Room'이라고 부르는 별도의 방이 있다. 그 방에서는 창밖으로 주방이 보이는데, 셰프가 주방의 요리사들을 지휘하는, 마치 오케스트라의 마에스트로 지휘 공간과 같다. 그 방은 셰프의 업무실로, 대형 테이블과 셰프 자신의 책상이 있다. 대형 테이블을 식탁으로 세팅하면 7~8명쯤 앉을 수 있다. 그런 셰프룸은 프랑스 사람들에게는 요리의 성지와 같은 곳이다. 유명 셰프의 레스토랑에 가서 식사하는 것만으로도 자랑할 만한 일인데, 식탁으로 세팅된 그 셰프룸으로 초대를 받는 것은 프랑스인들에게 최고의 자랑거리가 아닐 수 없다.

우리가 사람들을 초대해 그런 느낌을 전해준 일이 있었다. 삼성 제품을 판매하는 프랑스의 전자제품 유통업체 '다띠'와의 일이다. 프랑스에서 우리의 가장 큰 거래처인 다띠의 사장 아미아Amia가 은퇴할 무렵이었는데, 현직에 있을 때도 그랬지만 은퇴할 때 더 잘해드리고 싶었다. 그분이 은퇴한다는 소식을 듣고, 프랑스 사람들이 요리를 특별하게 생각하니 셰프룸으로 초대하면 좋겠다고 생각했다. 그래서 브리스톨 호텔의 레스토랑 주방 안, 에릭 프레숑의 셰프룸으로 초대했다.

집으로 돌아가면서 아미아 사장은 평생 최고의 초대였다며 눈물까지 글썽였다고 한다. 그날의 이야기를 다띠의 후임 사장이 듣고는 전폭적으로 우리를 지지해주었다. 전임자에게 그렇게 뜨거운 감사 표시를 한 우리에게 후임 사장도 감동했다는 말을 현장 책임자로부터 전해 들었다.

미식에 관한 특별한 문화

레스토랑 주방으로 외부인은 들어갈 수 없다. 그래서 내부 공간인 셰프룸으로 초대를 받는 것은 대단히 특별한 일일 수밖에 없다. 셰프룸의 바깥쪽은 주방으로, 셰프룸의 유리창을 통해서 주방 전체의 광경을 볼 수 있다.

주방 내부는 전식 코너, 본식 코너, 후식 코너로 구분되어 있고, 셰프룸에서도 각각의 코너에서 요리하는 과정이 훤히 보인다. 셰프룸의 내부는 주방이라는 느낌이 들지 않는다. 마치 연구실 같은 분위기다. 주방에서는 실전을 통한 요리사들의 교육도 이루어져서 훈련소 또는 오케스트라 단원들의 리허설 같은 분위기도 느낄 수도 있다.

셰프룸 안에 있으면 밖에서 나는 소리가 들린다. 셰프의 지시를 받고 "예, 셰프!" 하는 답변이 마치 군대에서 교관의 명령을 받은 병사가 우렁찬 목소리도 답하는 듯한 강도로 계속 들린다. 최고의 작품을 만들기 위해 노력하는 요리사들의 정성과 열정, 긴장감이 느껴진다.

식사는 약 14가지 코스의 요리로 이루어진다. 아페르티프(L'aperitif: 식사 전에 마시는 술)부터 아뮤즈 부쉬(Amuse Bouche: 한입요리), 앙트레(Entree: 전채요리), 메인요리로 이어지며 데세르(Desserts: 디저트)만 해도 세 가지 정도다.

셰프룸에서는 한 코스의 요리가 나올 때마다 셰프가 직접 다가와서 어떻냐고 물어본다. 프랑스 문학을 전공해서 나름 프랑스어에 익숙한데도 그렇게 14가지의 코스마다 셰프가 묻는 말에 그 맛을 다채롭게 표현하기는 어려웠다. 각각 다른 표현으로 네다섯 번 멋지게 표현하기는 했지만 그 이상은 쉽지 않았다. 초대받은 손님들은 마치 예술 작품의 깊이를 감상하듯이, 셰프의 자부심과 정성이 담긴 요리를 섬세하게 음미하는 문화가 그 자리에 있었다.

프랑스에는 요리 자체는 물론 식습관이나 문화까지 포괄하는 가스트로노미gastronomie 또는 미식美食에 관한 특별한 문화가 있다. 프랑스의 미식 문화는 2010년 '유네스코 인류의 무형문화유산'으로 등재되었다. 수세기 동안 프랑스 사람들이 좋은 음식과 술을 즐기면서 함께 나누어온 사회적 관습이 세계문화유산으로 평가받은 것이다.

당시 프랑스가 유네스코에 제출한 문화유산 신청서를 보면, 요리를 통해 공유하는 삶의 리듬, 사회적 유대, 정체성, 소속감, 지속성의 의미를 강조하면서 다음의 두 가지 항목으로 프랑스 미식 문화의 특징을 설명했다.

1) 의미 부여하기, 맛의 즐거움에 대한 공유, 타인에 대한 배려, 인간과 자연의 산물 사이의 균형
2) 좋은 재료와 레시피, 아름다운 테이블 세팅, 코스와 순서, 음식에 어울리는 와인이나 주류 선택, 요리에 관한 대화

세계문화유산이 된 프랑스의 미식(공식 등재명: Le repas gastronomique des Français)은 요리의 코스와 순서도 중요하지만, 그저 어떤

특정한 음식을 가리키거나 그것을 먹는 것만이 아닌, 요리를 즐기는 과정과 대화를 강조한다. 따라서 에릭 프레숑의 셰프룸에서도, 예술 작품을 감상하는 것과 같은 요리에 대한 감상평 appréciation이 중요했다. 초대받은 사람들은 모두 기쁘고 자랑스럽게 요리를 감상하고 서로 배려하면서, 미식에 의미를 부여하고 공유했다.

프랑스인의 감성을 사로잡은 '쿡 마케팅'
——

프랑스 법인장이 되면서 나는 프랑스의 패션 포인트가 무엇인지 조사해보라고 했다. 프랑스 사람들도 영국처럼 축구를 즐기기는 하지만 그 밖에도 즐길 것이 많아서 축구를 우선으로 꼽지는 않았다. 그들에게는 미술, 영화, 디자인, 박물관 등등이 관심사였다. 몇 번의 과정을 통해 다시 확인한 결과 프랑스의 패션 포인트는 역시나 '요리 문화'였다. 우리 직원들이 조사해 온 여러 가지 가운데 1위가 요리였고, 프랑스인들에게 요리는 그동안 내가 생각해온 것 이상이었다.

역사적인 배경을 보아도 게르만 민족들은 끊임없이 지중해를 탐했고 지중해로 가면 현지 음식을 맛있게 먹을 수 있기 때문이었다. 고대 유럽의 중요한 특징은 지중해 문명인데, 유럽에서는 지중해의 산물인 포도주와 올리브를 바탕으로 한 맛에 대한 사랑이 생겼다. 그 지중해와 게르만이 결합해서 만들어진 나라가 바로 프랑스이기에 맛은 유럽과 프랑스 문화의 중심에 있다는 점을 감안해 문화마케팅의 핵심으로 쿡 마케팅을 하기로 했다.

유명한 요리사를 후원하고, 또 〈미슐랭 가이드〉와 같은 가이드북을 후원하기로 했다. 한국에는 〈미슐랭 가이드〉만 알려져 있지만, 프랑스에는 그런 가이드가 몇 개 더 있다. 미슐랭은 파트너십이 필요 없었다. 그래서 〈가이드 샹페라르Guide Champérard〉와 파트너십을 맺었다.

여러 가지 의견을 모아 선정한 사람이 요리사 에릭 프레숑이었다. 그래서 그를 우리 브랜드를 대표해서 활동하는 홍보대사인 '앰배서더ambassador'로 삼았고, 삼성 가전제품인 냉장고 광고에도 출연시켰다.

에릭 프레숑의 셰프룸

쿡 마케팅의 효과는 여러 가지로 나타났다. 쿡 마케팅을 시작한 뒤 우리는 주요 거래처를 레스토랑으로 초대했다. 레스토랑에서의 행사 후에는 거의 모든 거래처로부터 편지를 받았다.

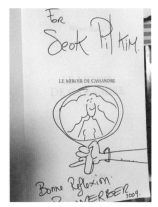

에릭 프레숑의 레스토랑에서 베르나르 베르베르가
곧 출간될 자신의 신작에 서명을 하는 모습

유명 요리사의 레스토랑에서 대접을 받아서 고맙고, 잊지 못할 추억이 되었다는 내용이었다. 행사 당일에는 조금 떨어진 테이블에 앉아 있어서 나하고는 긴밀한 시간을 갖지 못한 채 돌아갔던 사람들까지도 감사의 편지를 내게 보냈다. 그런 식의 편지들을 영국에 있을 때도 가끔 받았다. 명문 구단인 첼시 축구장 'VIP 박스'에 초대받아서 영광스럽고 고맙다는 편지들이었다.

한국에서 인기가 있는 프랑스 소설가 베르나르 베르베르도 레스토랑에 초대했었다. 그는 초대를 받았던 2주 전부터 당일까지 가슴이 설렜다고 했다. 예술적인 요리를 상상하는 설렘이었다며, 아직 서점에는 배포되지 않았다는 갓 출간된 자신의 신작에 서명하여 내게 선물했다. 그렇게 만난 인연으로 우리가 개최한 '재발견: 회화의 디지털 오디세이' 전시회에 초대받아 왔을 때는 기자와 저명 인사들에게 우리 행사의 의미를 베르나르가 자발적으로 나서서 열심히 설명하기도 했다.

프랑스의 '카날 플뤼스Canal+/Canal plus'라는 방송국은 케이블 방송을 제작하는 곳이라 TV와 연결하는 셋톱박스Set-Top Box를 필요로 한다. 프랑스 업체가 그것을 납품하고 있었는데, 본사로부터 우리 제품을 넣어보라는 연락을 받았다. 금액이 엄청나게 큰 건이어서 해결 방안을 모색하다가 레스토랑에 초대하는 방법을 써보기로 했다. 카날 플뤼의 대표 또한 초대를 받고 한 달 전부터 가슴이 설렜다며 어떤 옷을 입고 갈지를 고민했다고 했다. 레스토랑 셰프인 에릭 프레숑이 '레지옹 도뇌르'를 받은 유명 요리사였기 때문이다. 2010년 2월 결국 우리의 거래는 성사되었다.

유럽에서 대표적인 전자제품 유통업체는 영국의 '딕슨', 프랑스의 '다띠', 독일의 '메디아 마르크트Media Markt'다. 독일은 유럽에서 가장 큰 시장이어서, 우리나라로 치면 '하이마트'에 해당하는 전자제품 양판점 '메디아 마르크트'는 우리에게 중요한 거래처였다. 그런데 그들이 낮은 가격을 계속 요구해서 삼성 입장에서는 매우 난감한 상황이었다. 그들이 '갑'의 자리에 있었고 우리는 '을'이었다.

내가 유럽총괄이었던 때인데, '메디아 마르크트' 대표가 프랑스에 지점을 낼 계획으로 파리에 자주 온다는 이야기를 들었다. 그래서 에릭 프레숑의 셰프룸으로 초대했다. 그는 미식가였고 너무 좋아했다. 독일 사람도 그렇게 기뻐할 거라고는 예상하지 못했다. 그 뒤로는 물 흐르듯이 순탄한 관계가 되었다. 우리에게 까칠했던 그가 부드럽게 변한 것에 주변에서는 의아해했다.

쿡 마케팅으로 백색 가전제품white goods이라고 부르는 냉장고, 세탁기 등의 가정용 제품의 판매가 프랑스에서 크게 늘었다. 훈장을 받은 요리사 에릭 프레숑을 광고에 활용한 효과로 삼성의 가정용 주방기기가 품격 있는 브랜드가 되면서 더 많은 사랑을 받았다.

이렇듯 쿡 마케팅은 프랑스에서 큰 효력을 발휘했다. 그런데 개인적으로는 소소한 후유증이 남았다. 평생 거의 변동이 없던 체중이 3개월 사이 무려 5킬로그램이나 증가한 것이다. 말 그대로 배부른 소리가 될 수도 있겠지만, 그만큼 우리는 쿡 마케팅을 적극 전개하고 활용했다.

2장

사랑받는 브랜드 만들기

유럽에서 내가 역점을 둔 것은 '패션 포인트' 마케팅이었다. 2007년 프랑스 소비자 1,000명을 대상으로 조사한 결과를 보고 나서 나는 내가 프랑스를 피상적으로 알고 있었다는 사실을 깨달았다.

프랑스 사람들만의 고유한 문화를 대표하는 상징적인 주제의 1위는 요리였다. 2위는 패션fashion, 3위가 미술이었다. 프랑스에서 요리는 '삶의 예술Art of life'이었다. 순수예술인 미술과 더불어 삶의 예술인 패션과 요리가 프랑스 문화를 대표하는 상징적인 것, 프리미엄 이미지를 지닌 것이었다.

그래서 우리의 브랜드 이미지와 제품의 가치를 이런 '프리미

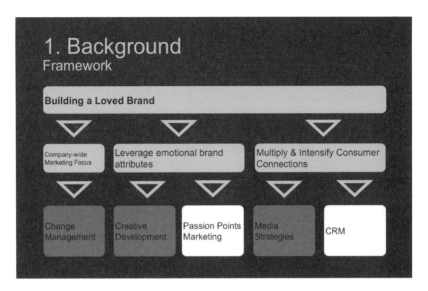

1. Background
Framework

Building a Loved Brand

Company-wide Marketing Focus	Leverage emotional brand attributes		Multiply & Intensify Consumer Connections	
Change Management	Creative Development	Passion Points Marketing	Media Strategies	CRM

사랑받는 브랜드를 구축하기 위해 우리는 고객관계관리(Customer relationship management, CRM)와 미디어 전략 같은 일반적인 마케팅 외에도 '패션 포인트'에 초점을 맞춘 마케팅을 적극 실행했다.

엄 이미지', '시대를 주도하는 이미지'와 연결하기로 했다. 인지 단계로서의 브랜드와 선호하는 단계의 브랜드를 넘어서 '사랑받는 브랜드', 소비자들이 '사랑하는 브랜드'로 나아가기 위해서 사랑받는 브랜드 만들기Building a Loved Brand 전략을 수립했다.

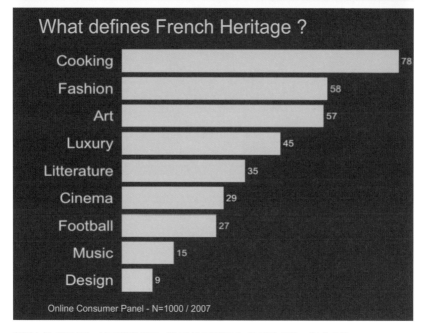

2. Passion Points
French Iconic Themes

What defines French Heritage ?

Cooking	78
Fashion	58
Art	57
Luxury	45
Litterature	35
Cinema	29
Football	27
Music	15
Design	9

Online Consumer Panel - N=1000 / 2007

프랑스를 대표하는 상징적인 테마, 즉 패션 포인트다. 압도적 1위는 요리, 2위
는 패션, 3위가 미술이었다.

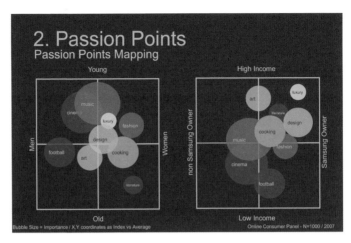

남녀노소, 소득 수준에 따른 패션 포인트의 선호 정도를 좀더 세분화해 분석
해본 결과 이러한 분포도가 나왔다.

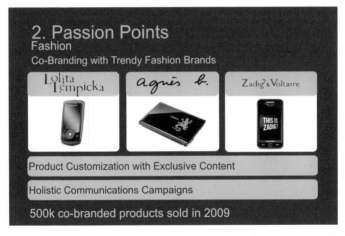

조사결과를 바탕으로 우리는 각 패션 포인트에 초점을 맞춘 브랜딩 전략을
세웠다. 프랑스인의 패션 포인트 2위로 조사된 '패션'의 경우 '핫한' 패션 브랜
드들과 협력해 트렌디한 디자인의 제품을 출시하는 등의 브랜딩 활동을 전개
했다.

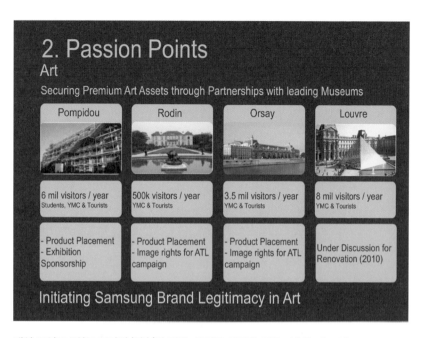

2. Passion Points
Art

Securing Premium Art Assets through Partnerships with leading Museums

Pompidou	Rodin	Orsay	Louvre
6 mil visitors / year Students, YMC & Tourists	500k visitors / year YMC & Tourists	3.5 mil visitors / year YMC & Tourists	8 mil visitors / year YMC & Tourists
- Product Placement - Exhibition Sponsorship	- Product Placement - Image rights for ATL campaign	- Product Placement - Image rights for ATL campaign	Under Discussion for Renovation (2010)

Initiating Samsung Brand Legitimacy in Art

패션 포인트 3위로 조사된 '미술'의 경우, 퐁피두 센터와 로댕 미술관, 오르세 미술관, 루브르 박물관 등 파리의 주요 미술관들을 대상으로 브랜딩 전략을 세워 '삼성'이 보다 친숙한 브랜드로 다가가도록 했다.

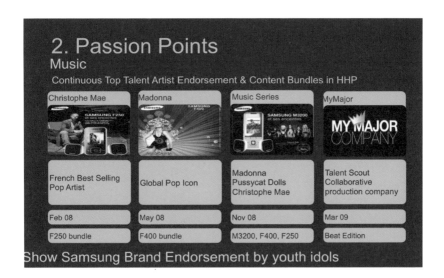

2. Passion Points
Music
Continuous Top Talent Artist Endorsement & Content Bundles in HHP

Christophe Mae	Madonna	Music Series	MyMajor
French Best Selling Pop Artist	Global Pop Icon	Madonna Pussycat Dolls Christophe Mae	Talent Scout Collaborative production company
Feb 08	May 08	Nov 08	Mar 09
F250 bundle	F400 bundle	M3200, F400, F250	Beat Edition

Show Samsung Brand Endorsement by youth idols

패션 포인트 8위로 조사된 '음악'에도 초점을 맞춰 다양한 마케팅 활동을 펼쳤다. 앞의 패션 포인트 분포도에서 알 수 있듯 '음악'은 특히 젊은 층의 관심이 뚜렷했기에 우리는 주로 그들을 겨냥해 마케팅 전략을 세웠다.

패션 포인트 집중 공략 1_ 쿡 마케팅

프랑스 사람들의 생활 문화를 주도하는 패션 포인트인 '요리'를 바탕으로 우리는 쿡 마케팅 전략을 세웠다. 그렇게 며칠 동안 논의를 거듭한 끝에 프랑스 최고의 요리사를 뽑는 행사를 후원하기로 했다. 현지 직원들도 긍정적인 반응을 보였다.

"사르코지 대통령은 프랑스 음식 문화를 세계문화유산으로 등재토록 하겠다는 공약을 내세우기도 했는데, 요리 마케팅을 시작하면 프랑스인들에게 더욱 친숙하게 다가설 수 있을 겁니다."

우리는 유명 요리사 한 사람을 홍보대사(앰배서더)로 선정하기로 했다. 여러 가지 논의 끝에 몇몇 후보 가운데 최종적으로 에릭 프레숑이라는 요리사를 선정했다. 그리고 앞서 말했듯, 우리의 홍보대사가 된 그가 몇 달 후 대통령으로부터 훈장을 받게 되었다. 덕분에 우리의 '쿡 마케팅'은 날개를 달기 시작했다.

2008년 훈장을 받은 에릭 프레숑은 미슐랭 3스타 셰프다. 1936년에 정해진 프랑스 미슐랭 가이드의 별étoile Michelin에 관한 정의는 다음과 같다.

★ '1스타'는 해당 분야에서 아주 좋은 레스토랑

★★ '2스타'는 훌륭한 요리, 찾아갈 만한 레스토랑

★★★ '3스타'는 매우 탁월한 요리, 여행을 떠날 만한 가치가 있는 레스토랑

'3스타'는 최고의 요리사, 최고의 레스토랑 등급이다. 이때 〈미슐랭 가이드〉에서 말하는 미슐랭 스타 셰프는 요리사chef cuisinier와 제과제빵 셰프chefs pâtissières의 두 분야를 포괄한다.

쿡 마케팅의 일환으로 우리는 요리 교실인 '셰프들의 아틀리에Atelier des Chefs'도 후원했다. 파리와 리옹 등 주요 도시 여러 곳에서 요리를 가르치는 교습소여서 일반인을 위한 삼성 오븐용 레시피 책자를 그곳에서 개발하기도 했다.

레스토랑 가이드와 파트너십도 맺었다. 레스토랑 안내서 〈가이드 샹페라르〉와 전국 15개 도시를 돌며 '삼성-샹페라르 전국 투어'를 개최했다. 개최 지역마다 유명 요리사와 레스토랑을 선정해 시상했다. 기념 만찬에는 개최지의 거래처 직원들과 지역 유지들을 초대했고, 수상자로 선정된 요리사들은 삼성의 전자 오븐을 이용해 음식 솜씨를 뽐냈다.

이렇게 삼성 브랜드를 더 사랑받는 브랜드로 만들기 위한 계획이 실행되면서, 유럽 최대의 전자제품 유통업체 '다띠' 매장의 로열석은 삼성전자 제품의 차지가 됐다. 유럽의 전자제품 유통

시장은 전쟁터와 다름없다. 대형 유통사들이 막강한 영향력을 가진 유럽에서는 제품이 어느 위치에, 어떤 모습으로, 얼마나 많이 진열되느냐에 따라 매출이 들썩인다. 그런데 쿡 마케팅으로 거래처들과의 관계도 돈독해지고 판매 조직도 활성화되었으니, 프랑스에서의 성공에 쿡 마케팅이 단단히 한몫했다고 볼 수 있다.

패션 포인트 집중 공략 2_ 패션과 음악

패션 분야에서도 문화 마케팅을 시도했다. 2008년 파리 '오트 쿠튀르Haute couture' 패션 주간에 우리는 의류 브랜드 '폴카 Paule Ka'와 함께 마케팅 행사를 열었다. 프랑스 여배우와 모델 23명이 삼성 캠코더로 '셀카' 영상을 촬영했고, 명품 브랜드가 모여 있는 파리 생토노레Saint-Honoré 거리의 '폴카' 여성복 매장에서 삼성 모니터를 통해 그 영상을 방영했다. 유명 모델이나 배우들이 삼성 제품을 사용한다는 점과 삼성 브랜드가 명품과 잘 어울린다는 메시지를 담은 전략이었다.

젊은 세대를 향한 음악 마케팅도 펼쳤다. MP3 기능을 강화했던 삼성 '뮤직폰'을 구입한 고객에게 프랑스 인기가수 크리스

마돈나 에디션폰

토프 마에Christophe Maé의 음악이 내장된 메모리 카드를 나누어 주었고, 여름 휴가철에 '센강 록 콘서트' 등의 야외 콘서트장에 부스를 설치해 젊은이들에게 음악 다운로드 서비스를 제공했다. 미국의 유명 걸그룹 푸시켓돌스Pussycat Dolls의 음악도 콘텐츠 번들Content Bundle로 제공했다.

2008년에는 세계적인 팝 가수 마돈나Madonna의 11번째 엘범 〈하드 캔디Hard Candy〉와 삼성 핸드폰을 연계한 에디션폰Hard Candy Edition Mobile Phone을 프랑스에서 판매했다. 이때 프랑스에서 만들어진 삼성의 마돈나 포스터는 대형일 경우 현재 약 400달러의 가격으로 판매되고 있다. 마돈나의 대표곡 가운데 하나인 '4 Minutes'가 들어 있는 〈하드 캔디〉 앨범은 전 세계 37개국에서 음반 차트 1위를 기록했다.

아름답지 않은 건 용납할 수 없어!

삼성은 '조르지오 아르마니Giorgio Armani'와 제휴해 2007년부터 '아르마니폰'을 유럽의 아르마니 매장과 휴대전화 매장에서 판매했다. '조르지오 아르마니'는 1975년 이탈리아 밀라노에서 설립된 세계적인 패션 브랜드다. 2008년 발표한 삼성의 '아르마니폰NIGHT EFFECT'(M7500)은 젊은 층을 대상으로 하는 세컨드 브랜드 '엠포리오 아르마니Emporio Armani'와 공동 개발했다. 밤에는 더욱 빛이 난다는 의미로 '나이트 이펙트'라는 이름을 붙인 오디오 기능을 특화한 뮤직폰이었다. 2009년 출시된 세 번째 버전은 오리지널 브랜드인 '조르지오 아르마니'와 제휴한 제품이었다.

독일에서 1924년 신발제조업으로 시작한 스포츠 명품 업체 '아디다스Adidas'와도 협력해 2007년에 유럽에서 '아디다스폰'도 출시했다. '아디다스폰'은 스포츠 애플리케이션 기능을 특화한 제품이었다.

'아르마니폰'과 '아디다스폰'은 겉모습만 봐도 패션 또는 스포츠 브랜드를 바로 짐작할 수 있을 만큼 서로 다른 디자인으로 나온 제품이었다. 스포츠에 특화된 '아디다스폰'은 실용성은 뛰어났지만, 유선형의 아름다움을 지닌 '아르마니폰'에 비하면 투박한 느낌이었다. 독일에서는 '아디다스폰'이 주목받으면서 판매가 잘 되었지만, 프랑스에서는 단 한 대도 팔리지 않았다. 그때 전 세계에서 삼성의 휴대전화 판매 1위는 프랑스였다. 그런데도 프랑스에서 이런 결과가 나왔다. 실용적인 기능이 있다 해도 '아디다스폰'은 아름답지 않다는 이유였다. 프랑스 사람들에게 아름답지 못함은 도저히 받아들일 수 없는 것이었다.

조르지오아르마니폰

아디다스폰

노키아를 두 배 이상 앞지르며
왕관을 차지하다

—

2007년 1월 16일, 프랑스의 경제 신문 〈레제코Les Echos〉는 '신흥국 한국이 노키아와 대결하려고 한다'라는 기사에서 "삼성 전자는 모토로라를 제치고 세계 2위 휴대전화 제조사가 되었 다. 이제 리더인 노키아와 대결하려고 한다. 삼성이 25% 성장해 야만 가능한 일이다. 삼성은 중급 및 고급형 모바일에 중점을 두고 있다"며 프리미엄 전략에 초점을 맞춰 보도했다.

그리고 2008년, 프랑스 휴대전화 시장에서 삼성은 시장점유 율 42.3%를 달성했다. 점유율 40% 선을 넘어서면서 그동안 독 보적인 세계 1위였던 노키아의 점유율 18.4%를 두 배 이상 앞 질렀다. 노키아는 결국 두 배 이상의 격차로 밀려났다. 삼성의 휴대전화 가격이 노키아보다 20% 정도 비쌌지만 2008년 9월 까지 삼성은 600만 대를 판매했고 노키아는 380만여 대를 판 매하는 데 그쳤다.

2009년 2월 7일 프랑스 신문 〈르피가로Le Figaro〉는 "프랑스 모바일 시장에서 삼성이 챔피언의 자리를 굳혔다"고 보도했다. 며칠 후인 2월 11일, 〈레제코〉는 "전 세계적으로는 2위인 삼성이 2008년 프랑스에서 920만 대의 휴대전화를 판매하면서 프랑스에서 판매 1위를 이어가고 있다"고 보도했다.

2012년 4월 26일, 프랑스 주간지 〈르푸앙Le Point〉은 '삼성이 왕좌를 차지했다'는 기사에서 "한국의 삼성이 노키아를 제치고 1위의 자리에 올랐다. 삼성은 모바일은 물론 고가의 가전제품 시장에서도 그 자리를 차지했다"고 보도했다.

내가 삼성 유럽 법인에 있는 동안 프랑스에서 삼성의 휴대전화는 5년 연속 1위를 차지했다. 작은 지점으로 출발했던 프랑스 법인이 드디어 휴대전화, TV, 생활가전 등 거의 모든 부문에서 시장 1위에 올랐고, 프랑스 내 기업 순위에서도 외국 기업으로서는 톱 반열에 올랐다. 마침내 삼성은 값싼 제품을 판매하는 브랜드가 아니라 명품 대우를 받는 최고의 브랜드가 되었다.

Entretien exclusif avec **SEOK PIL KIM**, président de Samsung Electronics France

« La France sera leader
de Samsung en Europe »

Rares sont les prises de parole des présidents de Samsung Electronics France. La filiale du géant coréen (103 milliards de dollars de chiffre d'affaires en 2007) fête cette année ses vingt ans dans l'Hexagone. L'occasion de faire le point sur l'extraordinaire croissance de la marque qui, en deux décennies, a su casser son image. Fini la « sous-marque coréenne », désormais, Samsung est synonyme de design et de haut de gamme. Elle est même 21e au dernier Top 100 mondial des marques les plus puissantes d'Interbrand. Mieux qu'Apple, Sony et Philips, autres stars de l'électronique grand public ! Pour Seok Pil Kim, président francophile de Samsung Electronics France, le principal concurrent semble davantage être la filiale britannique – qu'il a précédemment dirigée

et menée au rang de première branche européenne du groupe – que les autres acteurs de l'électronique grand public. En 2008, la France devrait réaliser 3,7 milliards de dollars de chiffre d'affaires, contre 4 milliards pour le Royaume-Uni. Au sommet de l'Olympe, Samsung ne doit pas pour autant oublier les défis qui se présentent à lui : le retour en force du très créatif japonais Sony, la force de frappe marketing d'Apple ou les enjeux écologiques, où du chemin reste à faire. Entretien exclusif.

LSA – En 1988, Samsung Electronics s'installait en France. Vingt ans plus tard, que représente la filiale française ?
Seok Pil Kim – Samsung est aujourd'hui leader de l'électronique grand public en France, et la filiale française est une locomotive pour

« L'Europe est la région la plus importante puisqu'elle représente 30 % de notre activité. »

le groupe en Europe. Nous sommes la deuxième filiale la plus importante du continent, juste derrière Samsung UK. Nous allons réaliser 3,7 milliards de dollars de chiffre d'affaires en 2008 – soit 19 % de croissance par rapport à 2007 –, contre 4 milliards pour nos homologues britanniques. Depuis trois ans, l'Europe est la région la plus importante pour Samsung, puisqu'elle représente désormais 30 % de notre activité. En quatre ans, nous avons plus que doublé notre chiffre d'affaires sur la région, passant de 14 milliards de dollars à 37 milliards en 2008.
LSA – En 2008, le marché de l'électronique grand public accuse le coup en France avec un recul de 1 % des ventes en valeur au premier semestre. Pensez-vous pouvoir réaliser vos prévisions de croissance ?
S. P. K. – Il est vrai que, depuis le début de l'année, la conjoncture est difficile. Nous n'avions pas vu ça depuis dix ans. Mais nous pouvons, grâce à notre positionnement, continuer à nous développer. Ce sont les clients qui recherchent un « prix » qui sont le plus touchés, ceux qui font leurs achats dans les hypers. Les produits haut de gamme, comme les nôtres, sont moins touchés. Depuis cinq ans, notre mix-produit a évolué vers le haut. Nos parts de marché sont ainsi plus importantes en valeur qu'en volume. Et c'est même chose sur le marché des produits électroménagers, qui ne bouge pas beaucoup : peu de croissance, toujours les mêmes acteurs... Notre position est d'apporter toujours plus de valeur ajoutée à nos clients, par l'introduction de concepts innovants, comme les fours à micro-ondes intelligents, et par un design de grande qualité.
LSA – Depuis quelques années, Samsung met en avant le design. Est-ce l'aspect le plus important pour vous aujourd'hui ?
S. P. K. – Oui, et c'est cela qui explique notre succès. Il y a quinze ans, notre PDG a annoncé une nouvelle philosophie de management

«Nous avons cerné les besoins et les préférences des Français, sensibles au design de nos produits.»

En tête sur trois marchés clés

Part de marché en valeur de Samsung France entre janvier et juin 2008 Source : Samsung

34,8	28,2	27,4
Téléphone mobile	Télévision	Home Cinéma

Le téléphone mobile et les écrans plats sont les fers de lance de Samsung en France. Sur le marché moins dynamique de l'électroménager, le fabricant coréen mise sur un positionnement de niche avec des produits technologiquement avancés.

Près de la moitié de son activité dans le mobile

Répartition du chiffre d'affaires de Samsung Electronics France par famille de produits, en % Source : Samsung

Téléphone mobile 49

37 Électronique grand public

14 Informatique et électroménager

LSA – Sur le mobile, Samsung est leader en France depuis deux ans, alors que c'est Nokia qui domine le marché mondial. Comment expliquez-vous cette situation ?
S. P. K. – Notre gamme de mobiles est conçue pour répondre au plus près aux attentes des consommateurs, et sans doute avons-nous mieux cerné qu'ailleurs les besoins et les préférences des Français, qui sont particulièrement sensibles au design et au coup de crayon de nos produits. Nous sommes également très attentifs aux besoins de nos partenaires distributeurs, et y répondre précisément nous a permis de tisser de fortes relations commerciales avec eux. Aujourd'hui, la France est pour nous le deuxième marché le plus important pour le mobile après la Corée. Maintenant que nous sommes leaders, nous devons renforcer le pouvoir de la marque et y consacrer le budget nécessaire.

LSA – En France, le modèle de l'hypermarché semble de plus en plus remis en cause. Cela reste-t-il un circuit de distribution important pour Samsung ?
S. P. K. – Les hypers pèsent à peu près 30 % de nos ventes, autant que les spécialistes de type Fnac ou Darty. Les hypers pourraient renforcer les rayons électroniques et développer des espaces dédiés pour chaque produit.

LSA – Vos concurrents Sony et Apple vont ouvrir deux grandes vitrines pour mettre en avant leurs produits. Verra-t-on un jour un « flagship » Samsung dans Paris ?
S. P. K. – Nous avons un espace dédié à nos produits dans la capitale, mais ce n'était pas un point de vente. Nous respectons nos partenaires distributeurs et ne voulons pas les froisser en ouvrant un magasin. Je ne suis pas sûr, d'ailleurs, que les distributeurs soient ravis des deux ouvertures prochaines que vous citez.

LSA – Nous avons vu que le marché de l'électronique grand public accusait

mettant en avant trois clés : qualité, design et globalisation. Avec une réflexion en toile de fond : à l'heure du numérique, il n'y aura pas de différence fondamentale sur la qualité des produits. D'où l'importance du design pour se distinguer. Il faut que les produits soient beaux et se remarquent en rayon. Nous dépensons chaque année 10 % de notre chiffre d'affaires en recherche et développement. Et l'investissement pour le design est une part importante de nos dépenses R&D. Nous avons ainsi un « design center » à Londres, qui se charge des produits européens [Samsung possède sept « design centers » dans le monde, NDLR]. Nous travaillons les formes, les usages mais aussi les matières. À ce sujet, nous signons des contrats d'exclusivité avec les fournisseurs de matériaux pour ne pas être copiés par nos concurrents.
LSA – Samsung communique peu autour de l'écoconception et des questions environnementales...
S. P. K. – La sensibilité monte depuis quelques années et le développement durable est certainement au centre de nos préoccupations. S'il est vrai qu'en Asie la question environnementale est moins omniprésente qu'en Europe, Samsung s'attache néanmoins à réduire au maximum son empreinte environnemen-

tale, en travaillant sur le sourcing des matériaux, les méthodes de production, mais aussi le recyclage des produits. Ces efforts en font l'une des entreprises les plus engagées de son secteur et, en septembre, nous avons été classés seconds par Greenpeace dans son « Guide pour une high-tech responsable ».
LSA – Pour réussir sur ce marché aujourd'hui, il faut lancer de plus en plus de nouveaux produits. Comment suivez-vous la cadence ?
S. P. K. – Il faut produire toujours plus. Il y a deux ans, le cycle de vie d'un mobile était de deux ans. Aujourd'hui, il est de six mois.

프랑스 경제지 LSA 2008년 10월 2일자 발췌

LSA 기자 노키아가 세계 시장을 지배하는 가운데, 프랑스에서는 삼성이 2년 연속 1위를 차지했습니다. 이런 상황에 대해 설명해 주세요.

김석필 우리의 모바일 제품은 소비자 기대에 가장 부합하도록 설계되었으며, 제품의 디자인과 감성에 특히 민감한 프랑스인의 니즈와 선호도를 누구보다 세심하게 파악했습니다. 오늘날 프랑스는 우리에게 한국 다음으로 중요한 모바일 시장입니다.

예술과 기술이 만나면
새로운 기회가 열린다

'프티 팔레' 전시회

프랑스는 그야말로 미술의 본고장이다. 그래서 삼성에서 디지털 TV가 나왔을 때 우리는 디지털 기술과 미술 작품을 연결해보기로 했다. 디지털 기기를 통해 미술 작품을 다시 보는 새로운 접근을 시도하기로 한 것이다. 문화적인 기여는 물론 디지털에 대한 대중의 공감을 더 확대하기 위한 계획이었다.

우리의 아이디어를 파리시에 제안했다. 파리시에서는 너무 좋다며 파리시립미술관인 '프티 팔레Petit Palais'를 무료로 대관해주겠다고 했다. '프티 팔레'는 1900년 만국박람회의 개최 장

코네상스 데자르의 '삼성과 함께하는 회화의 중심 여행' 2010.09.15

소로 세운 궁전이었는데 이후에 파리시립미술관이 된 곳이다. 그런데 우리와 파리시의 계획을 어떻게 알았는지 프랑스 명품 그룹 'LVMH' 측으로부터 연락이 왔다. LVMH는 '루이비통 Louis Vuitton'과 '모엣헤네시Moët Hennessy'가 합병해 만들어진 그룹으로, 창간 50년이 넘는 전통의 미술잡지 〈코네상스 데자르 (Connaissance des Arts: 미술의 인식)〉를 인수해서 계열사로 거느리고 있었다. 그렇게 해서 〈코네상스 데자르〉와 파리시, 프티 팔레와 함께 우리가 계획한 전시회를 열게 되었다.

미술 작품의 재발견

우리의 제안을 계기로, 2010년 9월 18일부터 10월 17일까지 한 달간 프티 팔레에서 '재발견, 회화의 디지털 오디세이 Révélations, une odyssée numérique dans la peinture' 전시회가 열렸다. 15세기부터 19세기까지의 유명한 회화 작품 40점을 정밀 촬영해 45~55인치의 삼성 TV 화면으로 다시 보는 전시였다.

주요 작가와 작품은, 레오나르드 다 빈치의 〈암굴의 성모〉, 베로네세의 〈가나의 결혼 잔치〉, 카라바조의 〈성모 마리아의 죽음〉, 한스 홀바인의 〈대사들〉, 렘브란트의 〈오리엔트식 옷차림의 자화상〉, 다비드의 〈호라티우스 형제의 맹세〉, 앵그르의 〈오달리스크〉, 들라크루아의 〈민중을 이끄는 자유의 여신〉, 세잔의 〈목욕한 세 사람〉, 마네의 〈풀밭 위의 점심〉, 모네의 〈겨울 센강의 일몰〉, 반 고흐의 〈별이 빛나는 론강의 밤〉, 고갱의 〈기쁨〉 등이었다.

전시는 TV 화면에 작품을 확대하거나 3차원 영상으로 구성되었다. 사람의 눈으로는 미처 확인할 수 없었던 작품의 세밀한 부분까지 볼 수 있도록 했고, 3D 안경을 통해 3차원 영상도 볼 수 있었다. 원근법, 빛과 그림자, 질감, 소묘, 색채, 감정 표현 등 각각의 작품들이 지닌 특징을 분석적으로 볼 수 있게 해서 르네상스 시기부터 근대까지 서양미술사의 핵심 요소들을 재

프티 팔레 '재발견, 회화의 디지털 오디세이'

발견하는 기회를 제공했다.

아무리 뛰어난 사진이나 영상이라 해도 순수예술인 회화 작품이 지닌 원본의 숨결, 오리지널리티를 대체할 수는 없다. 이 전시는 각각의 작품이 지닌 명작으로서의 의미나 가치를 디지털 기술을 통해 쉽게 이해할 수 있게 하자는 취지였다.

미술사적 접근이나 분석을 위해 프티 팔레의 관장이며 도상학자인 질 샤잘Gilles Chazal 등 프티 팔레의 전문 큐레이터가 협력했고, 삼성의 의뢰를 받은 전문 촬영팀이 제작에 참여했다. 디지털로 재탄생한 이 전시회는 매년 9월 세 번째 주말에 열리는 '유럽 문화유산의 날'에 맞춰 개최한 행사이기도 했다. '문화유산의 날' 기간 파리에서 열린 행사 가운데 가장 많은 방문객이 이곳을 찾아왔고, 한 달간 이어진 전시회의 총 방문객은 5만 6,000여 명이었다. 하루 방문객 2,000명이 넘었으니 뜨거운 반응을 불러일으킨 전시회였다.

전시회 개막일에는 프랑스의 미디어 기자, 문화예술인, 삼성전자의 거래처 관계자 등이 참석했는데 전문가들의 찬사가 있었다. 초대 손님이었던 소설가 베르나르 베르베르는 자신이 나서서 참석자들에게 설명하고 싶다고 했다. 우리가 미리 요청하지도 않았는데 그는 '예술에 대한 새로운 시도'라는 내용으로 이 전시회의 의미를 설명했다. 실제로 이 전시회는 문화 마케팅

초대 손님이었던 베르나르 베르베르는
'예술에 대한 새로운 시도'라는 내용으
로 이 전시회의 의미를 설명했다.

을 예술과 연결하고, 삼성의 IT 기술을 미술과 연결한 것으로, 미술 전시회의 새로운 장을 열었다는 점에서 자부심을 느낄 수 있는 프로젝트였다.

월간 미술잡지 〈코네상스 데자르〉는 전시회 개막일에 맞춰 이 전시회만을 다룬 특별호를 발행하기로 했다. 전시 전체를 후원하고 기획한 회사이니 삼성의 대표가 특별호에 나와야 한다며 내게 인터뷰를 요청했다. 그래서 사진도 찍었다. '한 30분이면 되겠지'라고 생각했는데 내 사무실과 계단 등 이곳저곳으로 장소를 옮겨가며 촬영하느라 두 시간이 걸렸다.

특별호의 첫 페이지를 넘기면 바로 내 사진과 인터뷰가 나온다. 첫 번째 질문은 메세나Mecenat로서의 '삼성'에 대한 것이었다. 메세나는 기업이 문화예술을 통해 국가나 사회에 공헌하는 활동을 말하는 용어다. 오래전부터 삼성의 이건희 회장은 파리의 기메 동양미술관Musée Guimet을 후원했다. 2개의 한국 전용 전시실을 후원하고 있었는데, 우리 또한 퐁피두 센터나 루브르 박물관, 장식미술관, 로댕 미술관 등과 협력했으니 메세나로서의 '삼성'은 그 어떤 기업보다도 앞서 있었다고 말할 수 있다.

메세나는 기업 시민의식이 문화예술과 만나는 것으로, 문화와 예술에 대한 진실한 이해 없이는 불가능하다.

Révélations
UNE ODYSSÉE NUMÉRIQUE DANS LA PEINTURE

PETIT PALAIS - MUSÉE DES BEAUX-ARTS DE LA VILLE DE PARIS

AVEC LE SOUTIEN DE **SAMSUNG**

루이비통 그룹의 예술 전문지 〈코네상스 데자르(예술의 이해)〉 표지.
렘브란트의 〈오리엔트식 옷차림의 자화상〉
명화에 삼성의 모니터를 대입해 직접 보는 것보다 선명한 화질을 극단적으로 표현했다

Voyage dans les toiles

Président de Samsung Electronics France et partenaire de l'exposition présentée au Petit Palais, Seok Pil Kim évoque le caractère inédit de *Révélations* : offrir un voyage exceptionnel au cœur de tableaux de grands maîtres grâce aux nouvelles technologies de reproduction digitale. PROPOS RECUEILLIS PAR SIMONA GOUCHAN

Quelles sont les orientations de Samsung en matière de mécénat culturel ? L'exposition *Révélations* marque-t-elle une étape importante ?
Samsung soutient les arts et la culture depuis de nombreuses années à travers des opérations de mécénat et de partenariat. Cela fait plus de dix ans que nous collaborons étroitement avec le Centre Pompidou et nous sommes les mécènes des deux salles consacrées à la Corée au musée Guimet. Nous soutenons également le musée d'Orsay, le Louvre, le musée des Arts Décoratifs ou le musée Rodin... parmi d'autres lieux. L'année dernière, Samsung a été le partenaire de la Mairie de Paris à l'occasion de la Nuit Blanche : l'installation lumineuse sur le pont Saint-Louis, réalisée à partir des téléviseurs LED mis à disposition, a remporté un grand succès. Notre ambition est d'être présents lors de tous les événements culturels majeurs. La France est un grand pays de culture et Samsung souhaite à la fois accompagner et encourager la passion des Français pour l'art. Notre collaboration avec le Petit Palais participe de cette volonté de provoquer la rencontre entre l'art et le public.

Quelle est la spécificité de cette exposition ?
Révélations propose une approche inédite des œuvres d'art : une quarantaine de chefs-d'œuvre sélectionnés avec les conservateurs du Petit Palais y sont présentés sous forme d'animations. Celles-ci permettent d'explorer les tableaux par le biais de la technologie

그림 속으로의 여행

프랑스 삼성전자 법인장이자 프티 팔레에서 열리는 전시회 파트너인 김석필은 '새로운 디지털 기술을 이용해 대가들 그림 내부로의 멋진 여행을 제공한다'는 〈새로운 발견〉의 완전히 새로운 성격에 대해 언급하고 있다.

인터뷰 – **시모나 구샹**Simona Gouchan

시모나 구샹 문화 메세나 쪽에서 삼성이 추구하는 방향은 무엇인가요? 〈새로운 발견〉 전시회가 중요한 단계를 의미할까요?

김석필 삼성은 수십 년 전부터 메세나와 파트너십을 통해 예술과 문화를 지원하고 있습니다. 우리는 예전부터 밀접하게 협력하고 있으며, 기메아시아박물관 내 두 개의 한국 전시실을 지원하고 있습니다. 우리는 오르세미술관, 루브르박물관, 파리장식미술관, 로댕미술관을 포함한 여러 예술공간도 후원합니다. 작년에 삼성은 백야 축제 때 파리시의 파트너이기도 했는데, LED TV를 이용한 생루이 다리의 조명 장식은 대성공을 거두었습니다. 우리의 야망은 모든 주요 문화

행사 때 모습을 드러내는 데 있습니다. 프랑스가 문화대국이기에 삼성은 예술에 대한 프랑스인들의 열정과 함께하는 동시에 그 열정을 독려하고자 합니다. 프티 팔레와의 협력은 예술과 관객의 만남을 조성하려는 이러한 의지와 관련을 맺고 있습니다.

시모나 구상 전시의 특징으로는 어떤 것이 있을까요?

김석필 〈새로운 발견〉은 예술작품에 대한 완전히 새로운 접근을 제시합니다. 전시회에서는 프티 팔레 학예사들이 엄선한 40여 점의 명작 그림들이 동영상 형태로 소개됩니다. 동영상들은 디지털 테크놀로지를 이용해 그림들을 새롭게 바라보게 해줍니다. 원근법, 빛과 그림자, 색깔 등과 같은 주요한 주제를 다루면서 회화의 역사를 통해 방문객을 안내하는 데 전시의 원칙을 두고 있습니다. 작품들은 초대형 평면 스크린(46×55인치) 혹은 3D의 고화질로 내걸립니다. 품질은 대단히 뛰어납니다. 이미지가 아주 정교하기에, 관객들은 원작보다 디테일을 더 잘 포착하고, 기술을 더 잘 이해할 수 있습니다.

시모나 구샹 이 비디오 영상들은 그림을 어떤 방식으로 "새롭게 발견"하게 할까요?

김석필 동영상들은 방문객들이 확대, 음향 덧씌우기, 3D 형태를 통해 그림들을 다른 방식으로 발견하고 재발견하게 합니다. 길이가 5분 미만인 영화들에 간간이 특수효과가 추가되기는 하지만 작품을 절대 왜곡하지 않습니다. 반 고흐의 〈별이 빛나는 론강의 밤〉에서는 물소리, 귀뚜라미 소리, 종소리를 들으며 별들이 반짝이는 풍경을 만나게 됩니다. 그림 속을 여행하는 것과 같지요. 한스 홀바인 작품 〈대사들〉에서 디지털은 작품의 비밀을 밝혀내려 애씁니다. 해골을 돌려보면서 해부학을 시도하기 때문이지요. 장 시메옹 샤르댕의 〈팽이를 들고 있는 아이〉과 아르놀트 뵈클린의 〈죽음의 섬〉, 이 두 개 그림은 3D 스크린으로 소개됩니다. 방문객은 안경을 쓰고 특수효과를 맛볼 수 있습니다.

〈코네상스 데자르 기사 발췌〉

기술을 통한 예술의 활성화

20세기 이후의 현대미술 전문 미술관으로 유명한 파리의 조르주 퐁피두 센터도 후원했다. 퐁피두 센터의 알랭 세반Alain Seban 관장도 여러 차례 만났다. 프랑스 문화부 장관 크리스틴 알바넬의 초대를 받아 퐁피두 센터의 전시회를 함께 관람하기도 했다. '에로틱'을 소재로 한 그 전시회를 관람하며 그들의 열린 시각과 문화를 다시 한번 더 생각하는 계기를 가졌다.

미술관이나 박물관은 '고령화'를 고민하고 있었고, 젊은 세대와 더 활발하게 함께할 수 있는 길을 모색하고 있었다. 한마디로 활성화vitalization가 그들의 과제였다. 그리고 디지털 기술은 그런 과제를 풀어가는 해결책 가운데 하나였다. 그런 상황이라 그들은 삼성이 가장 좋은 파트너라고 인식했고, 마침 나는 문화 마케팅을 하고 있었으니 서로 잘 어울리는 관계였다. 그래서 우리는 디지털 아카이브(archive: 자료 보관소), IT 기기를 통한 체험 프로그램을 제안하고 후원했다.

이 후원은 단지 삼성전자의 마케팅 차원이라기보다 국가적, 사회적, 문화적 책임감으로 시행했다. 문화의 중요성과 소중함에 대한 열정으로 마케팅하다 보니 마땅하고도 자연스럽게 이루어진 일이었다. 그런 관심을 바탕으로 관련 기관이나 주요

인사들도 자주 만났다. 내가 해야 할 일이 더 보였고, 좋은 제
안이나 요청도 많이 받았다.

루브르 박물관에 들어간 한국어 안내서

세계 최고의 미술품들을 소장하고 있는 루브르 박물관과도
파트너 관계를 맺고 후원했다. 루브르는 전 세계 방문객 수가
독보적인 1위여서 오히려 방문 인원에 대한 제한이 필요하다는
논의가 이어지는 곳이다.

루브르 박물관에는 2005년에 처음으로 삼성전자의 프랑스
법인이 한국어 안내서 제작을 후원했다. 한국인들도 많이 찾는
루브르 박물관에 그동안 한국어로 된 안내서가 없었다. 층별
전시 안내 및 관람 정보를 담은 관람 안내서는 프랑스어, 영어,
독일어, 스페인어, 이탈리아어, 네덜란드어, 아랍어, 일본어, 중국
어판이 배포되고 있었다.

2005년 4월 세계 최대의 박물관 루브르에 한국어 안내서가
최초로 배포되었다. 한국어 안내서 50만 부를 발행했고, 오디오
도슨트Audio docent라고 부르는 음성 안내 서비스도 한국어로
제공하도록 후원했다. 2015년 삼성 프랑스 법인이 후원을 중단
한 이후에는 루브르가 한국어 안내서를 자체 제작해 판매하고
있다.

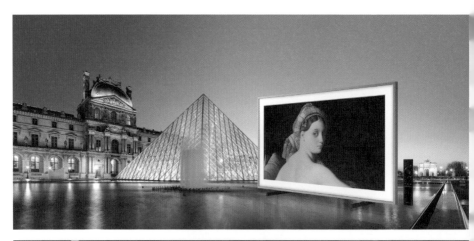

루브르 박물관과의 협업

오르세 미술관에도 루브르 박물관 안내서처럼 삼성 로고가 들어간 한국어 안내서 제작을 후원했다. 주요 미술관과의 파트너십은 프리미엄 예술 자산Premium Art Assets의 확보라는 말로 설명할 수 있다. 퐁피두 센터는 연간 방문객 600만 명, 로댕 미술관은 50만 명, 오르세 미술관은 350만 명, 루브르 박물관은 900만 명이다.

2013년에 프랑스 법인은 베르사유 궁전도 후원했다. 오래된 궁전이나 유적에는 출입을 제한하거나 보수 등의 이유로 일시적으로 폐쇄한 곳이 있다. 베르사유 궁전에도 그런 공간이 있었는데, 우리는 대형 TV를 설치해 숨어 있는 공간까지 볼 수 있도록 했다. 숨겨진 곳의 내부를 촬영해 고화질4K ultra HD의 영상을 TV를 통해 보여주었다. 실제로 안에 들어가서 본 것과 다름없을 정도의 경험을 제공했다.

디나르 음악축제

프랑스 파리에 있는 '라디오 프랑스 필하모닉 오케스트라'는 프랑스의 국립관현악단인데 2000년부터 정명훈 씨가 지휘자로 있었다. 그래서 우리는 한국의 예술가를 지원한다는 뜻으로 후원했다. 정명훈 씨가 많이 좋아하면서 감사하다고 했다.

영화배우 윤정희 씨의 남편이기도 한 피아니스트 백건우 씨의 음반 제작에도 도움을 드렸고, 음악축제도 후원했다. 백건우 씨는 프랑스 북서부 브르타뉴 지역의 작은 도시 디나르에서 한여름에 열리는 '디나르 세계 음악축제Festival International de Musique de Dinard'의 예술감독을 맡고 있었다. 디나르는 브르타뉴 바닷가의 관광 휴양도시다.

백건우 씨는 이 축제와의 초창기 인연 때문에 1994년 이 축제를 맡아달라는 부탁을 거절하지 못했다고 한다. 축제는 빚더미에 앉아 있었다. 그래서 백건우 씨가 직접 음악가들에게 연락해 사정을 설명하고 무료 공연을 부탁했다고 한다. 부인 윤정희 씨가 나서서 삼성문화재단의 후원을 받아 부채를 청산했고, 이후 프랑스를 대표하는 음악축제로 발전하기 시작했다.

2009년 8월에 열린 디나르 음악축제는 삼성 프랑스 법인이 후원했다. 우리의 후원으로 세계적인 작곡가이며 지휘자인 펜데레츠키Penderecki를 초대할 수 있었다고 한다. 개막 공연은 펜데레츠키가 지휘하는 오케스트라와 백건우 씨의 피아노 협연이었다. 개막 공연 외에도 백건우 씨는 바이올린, 첼로와도 협연했다. 1,000여 명의 관객이 참가한 야외극장 무대에서 들었던 백건우 씨의 연주는 감동적이었다.

디나르 음악축제 후원을 계기로 백건우, 윤정희 씨 부부와 몇 차례 만났다. 내가 보기에 그들 부부는 마치 10대 소년, 소

디나르 세계 음악축제

녀처럼 순수한 모습이었다. 그분들 집에 초대를 받아서 백건우 씨가 만들어준 마늘 스파게티를 맛있게 먹었다. 식사 후에 백건우 씨가 100년이 넘은 와인을 꺼내 오기도 했다.

어렸을 적 영화에서 보았던 배우 윤정희 씨는 여전히 곱고 순수해 보였다. 그들은 대중교통인 지하철을 이용하면서 파리에서 소박하게 살고 있었다. 백건우 씨는 수십 년째 집에서 열 시간 넘도록 피아노 연습을 하고 있는데, 주변 이웃에게서 한 번도 시끄럽다는 불평을 들은 적이 없다고 했다. 오히려 좋은 음악을 계속 들을 수 있어서 감사하다는 인사를 듣기도 했다고 한다. 2023년 1월 윤정희 씨는 파리에서 세상을 떠났다.

파리의 특별한 밤, '뉘 블랑쉬' 축제

프랑스 파리에서는 밤새 모든 문화시설을 무료로 개방하는 현대미술 축제가 열린다. 2002년부터 시작한 '뉘 블랑쉬(Nuit

Blanche: 백야)' 축제는 이름 그대로 밤을 하얗게 지새우는 올나이트all night 예술 축제다. 저녁 7시부터 다음 날 아침 7시까지 이어진다.

뉘 블랑쉬 축제는 일 년에 한 번 10월 초에 열리는 행사로 프랑스는 물론 세계 여러 나라에서 온 예술가들의 현대미술, 비디오 아트, 설치미술 작품을 도시 곳곳에 전시한다. 도시 전체가 미술관으로 바뀌는 셈이다. 문화시설도 야간까지 개방한다. 음악, 영화, 무용 등의 공연도 있다. 낮에도 아름답지만, 밤에는 훨씬 더 아름다운 파리의 모습을 느낄 수 있다. 이렇듯 파리 시내 전체에 볼거리가 넘쳐나니 남녀노소, 연인과 친구, 수많은 사람이 거리로 쏟아져 나온다.

2010년 10월 2일(토요일)부터 3일(일요일)까지 진행된 제9회 뉘 블랑쉬 축제에는 우리 삼성도 행사 주체의 하나로 선정되어 파리 시내에 작품을 설치했다. 우리가 맡은 지역은 파리의 생루이Saint-Louis 다리였다. 생루이 다리는 노트르담 대성당이 있는 시테섬Île de la Cité과 생루이섬Île Saint-Louis을 잇는 센강의 다리다. 시테섬은 기원전 1세기부터 시작된 파리의 발생지로 섬의 이름인 '시테'는 '도시, 발상지, 중심지'라는 뜻이다. 생루이 다리는 길이 67미터에 불과하지만 그 지역은 역사적으로도 예술적으로도 프랑스 파리에서 매우 중요한 곳이다.

생루이 다리에 설치한 작품 ©weloveart.net

2010년 '뉘 블랑쉬' 축제의 날 파리 시청 앞

우리는 생루이 다리에 24개의 LED 스크린 구조물을 설치했다. 'LED: Lighting Experience Dis-Play'라고 이름을 붙인 조명 및 음향 설치물이었다. 프랑스의 '위 러브 아트We Love Art'와 독일의 '발레스트라 베를린Balestra Berlin' 그룹이 우리의 의뢰를 받아서 만든 작품이다. 음향은 프랑스 음악가의 현대적인 곡이 사용되었다.

동시에 우리는 파리 시청 앞 광장에 체험관을 설치했고, 에펠탑에서 센강 건너편에 있는 트로카데로Trocadéro 지역과, 시내의 역사적인 지역인 마레Marais 지구, 그리고 뷔트쇼몽Buttes-Chaumont에도 LED TV를 설치해서 행사 관련 영상을 보여주었다. 콩코르드 광장, 샹젤리제 거리, 보자르 미술학교에도 삼성 TV를 설치해 행사를 안내했다.

시민 수십만 명을 세일즈맨으로 만들다

축제가 끝난 뒤의 월요일, 프랑스 신문 〈르 몽드Le Mond〉는 "축제 기간 거리로 나온 시민들이 150만 명이 넘었다"고 파리 시청 문화담당관의 말을 인용해 보도했다. 2010년 기준으로 공식적인 파리 시민이 224만 명이었으니 거의 다 거리에 몰려나왔다는 이야기다. 우리의 생루이 다리는 축제에서 가장 인기 있는 코스 중 하나였다.

우리는 축제의 행사 주체 가운데 하나로서 우리 작품이나 삼성을 홍보하기 위한 아이디어도 생각해냈다. 작은 배지를 제작해 거리에서 나눠준 것이다. 가슴에 부착하는 야광 배지로 빨강, 녹색, 파란색의 세 가지를 제작했다. 빛의 삼원색인 RGBRed, Green, Blue 방식으로 색을 재현하는 LED TV를 상징하는 것이었다.

배지의 인기는 폭발적이었다. 어두운 밤거리로 몰려나온 사람들의 가슴에서 그 야광 배지가 빛을 발휘하니, 한밤의 파리 시내는 온통 그 배지의 빛으로 반짝였다. 배지에는 삼성 로고가 찍혀 있었기 때문에 파리 시내가 온통 삼성의 세일즈맨으로 가득 찬 것과 같았다.

행사를 주관한 파리시의 시장 베르트랑 들라노에Bertrand Delanoë가 찾아와 내 손을 잡고 감사의 마음을 전했다. 그는 시장이 되면서 '뉘 블랑쉬' 축제를 실행한 사람이었고, '프티 팔레' 미술관을 특별한 전시회가 아닌 경우에는 무료로 개방하는 등의 정책으로 파리 시민들의 호평을 받고 있었다. 특히 문화에 관심이 많은 시장이었다.

그날 들라노에 시장은 나와 악수하면서 맞잡았던 손을 한참 동안 붙잡고 놓아주지 않았다. 시장이 돌아간 뒤 우리 직원들이 말하길, "우리의 생루이 다리가 돋보였고, 야광 배지를 단 파

삼성전자 야광 배지

리 시민들의 물결에 특별히 감사의 뜻을 표하려고 오랫동안 손을 맞잡은 것"이라고 했다. 그러면서 한마디 농담을 덧붙였다. "시장이 개인적인 애정⑺을 표현한 것 같은데요?" 들라노에는 시장으로 선출되기 전인 1998년 상원의원 시절 TV 인터뷰에서 자신이 '게이'라고 밝힌 프랑스 최초의 주요 정치인으로, 동성의 결혼을 합법화하자는 의견을 가진 사람이었다.

'뉘 블랑쉬' 축제는 1990년대부터 현대 예술가들과 세계의 주요 도시들이 연계하여 시도한 것으로, 들라노에 시장 이후 프랑스 파리에서 매년 열리면서 세계적으로 주목받는 축제가 되었다. 이후 이 축제는 브뤼셀, 로마, 마드리드, 토론토, 멜버른, 부에노스아이레스 등 전 세계 여러 도시로 퍼져나가고 있다.

파리의 밤거리를 빛냈고, 우리의 마케팅 아이디어가 더해져 시민들까지 삼성의 세일즈맨처럼 움직여주었으니 내게는 보람 있는 추억이 되었다. 그리고 우리가 참가했던 파리의 뉘 블랑쉬 축제는 문화와 예술을 통해 브랜드 이미지를 프리미엄으로 만드는 문화 마케팅의 성공 사례가 되었다. 국내외 언론에서도 이것을 크게 다루었다. 이 축제의 문화 마케팅으로 우리 법인은 그해 연말 삼성의 마케팅 경연대회에서 대상을 받았다.

그래서 야광 배지 아이디어를 처음 냈던 책임자를 포상하려고 아이디어의 배경에 관해 물어보았다. 그는 여럿이 함께 의논

했다면서 나이트클럽에서 새벽까지 놀다 보니 그런 아이디어가
나왔다고 했다.

명품의 나라에서 진정한 명품으로 거듭나기

럭셔리의 끝판왕

나는 '삼성'이 프리미엄 이미지로 나아가야 한다고 생각했다.
그래서 조직 내부적으로 최고경영자와 토론도 해가면서 내 의
견을 계속 피력했다. 초고가, 슈퍼리치super rich, 초명품의 세계
를 향해 문을 두드리고 그 문을 열기 위해 노력하면 효과가 나
타날 수 있다고 생각했기 때문이다.

서울에서 경영진이 왔을 때도 그런 생각을 이야기했다. 내가
법인장과 유럽총괄을 할 때였으니 벌써 10여 년 전부터다. 삼
성전자의 제품은 어떤 분야에서는 이미 세계 최고다. 물론 예를
들면 '아날로그 오디오'의 경우에는 최고의 명품들이 따로 있
다. 그런 분야는 쉽지 않겠지만 그 밖의 일반적인 분야는 디지
털로 평준화되었다. 그 사이 휴대전화 부분에서는 삼성이 1등,
즉 많은 사람이 열광하는 '마니아mania' 단계로 올라섰고, TV는

이미 삼성 제품보다 더 좋은 것이 없을 정도가 되었다.

최고급 명품 시계 같은 초고가 마케팅 영역에는 아주 특수한 브랜드가 있는데 우리가 활동하는 분야에는 그런 최상위의 것이 없으니, 그 영역을 선점하면 좋겠다 싶어서 프리미엄 마케팅을 많이 했다.

바로 그런 프리미엄 마케팅의 한 측면에서 확인해보니 프랑스 남부에 세계적인 부호들이 모여 있는 백만장자 커뮤니티가 있었다. 백만장자들과의 커뮤니케이션 가능성을 발견하고는 곧바로 백만장자 마케팅에 돌입했다. 현재 백만장자가 누구인지, 어디에 있는지, 그 사람들은 무엇을 좋아하고, 무엇에 관심이 있으며, 무엇을 먹는지 등을 파악해서 거기서부터 호흡을 간이해보자는 것이 우리의 마케팅 전략이었다.

프랑스 남부에 있는 세계적 부호들의 라이프스타일은 우리가 알고 있던 프랑스 사람들과는 너무나 달랐다. 프랑스에는 한국 사람들이 보기에는 불편하고 불합리한 시스템이 많다. 문 닫는 곳도 많고 서비스 시간도 오래 걸리는 등 불편한 점이 많다. 그런데 프랑스 남부 백만장자들의 생활을 조사해보니, 불가능한 것이 거의 없는 별개의 세상이었다. 백만장자들은 무엇이든지 원하면 언제 어디서든 다 할 수 있었다.

칸 요트 축제와 백만장자 프로젝트

프랑스 남부 지중해 해안가의 코트다쥐르Côte d'Azur 지역은 해안 휴양도시 라인으로 칸, 니스, 모나코 등이 줄이어 있다. 바로 그곳에 백만장자들이 살고 있었고, 그들이 즐기는 최고의 대상은 '요트'였다. 세계 4대 요트 쇼가 아랍에미리트의 두바이, 미국 팜비치, 모나코에서 열리는데 프랑스 칸에서도 그중 하나가 매년 9월에 열린다.

우리는 1970년대부터 시작된 '칸 요트 축제Cannes Yachting Festival'에 참가하기로 했다. 백만장자들이 구경하러 올 테니, 삼성에서 가장 좋은 TV와 휴대전화, 노트북 컴퓨터를 전시했다. 그들이 우리 제품을 구매하든 안 하든, 고객을 파악하기 위한 차원에서 전시를 결정한 것이었다. 전시장의 우리 제품에 대한 반응은 아주 좋았다.

부둣가의 큰 전시관에는 요트 관련 제품과 최고급 보석, 고가의 장식품들이 나와 있었다. 햇살 가득한 지중해 바닷가의 항구에는 수백여 척의 최고급 다양한 요트들이 모두 나와 경연을 벌이고 있었다. 매년 수만 명의 방문객이 찾아오는 축제여서 요트 투어 프로그램도 있었다. 우리는 프랑스 요트 챔피언을 만나 요트 투어도 해보며 현장을 살폈다.

최고급 호텔도 있었다. 전 세계 부호들이 다 그곳에 묵는다

칸 요트 축제

는 것을 확인한 우리는 그 호텔 객실의 TV를 삼성 제품으로 모두 교체하겠다는 계획을 세우고 결국 그 목표를 완수했다.

칸은 5월에 국제 영화제가 열리는 곳이기도 해서 영화제 행사를 마치고 나온 사람들이 '뒤풀이'하는 레스토랑도 있었다. 그 레스토랑에 야외 가든이 있었는데 그곳에도 삼성 TV를 열 대쯤 판매해 설치하도록 했다. 그 주변에 새로 문을 여는 곳 또는 기존 제품을 교체할 시기가 도래한 곳에도 적극적인 영업을 통해 우리 제품들을 판매하였다.

유명 관광지를 찾아오는 관광객들의 동선도 파악했다. 루브르 박물관에 가면 누구나 레오나르도 다 빈치의 〈모나리자〉가 있는 곳으로 움직이듯이 관광에도 그와 같은 핵심 동선이 있다. 칸에서도 당연히 갈 수밖에 없는 곳에 삼성 제품을 브랜딩하기로 했다.

내가 유럽총괄로 있었던 시기에는 그리스의 유명 관광지에도 그렇게 했다. 세계에서 관광객들이 한 해에 수백만 명씩 몰려오는 유명 관광지, 사람들이 피해갈 수 없는 길목에 삼성 제품이 놓일 수 있도록 했다. 핵심 동선상에 있는 길가의 집 에어컨이 우리 제품으로 바뀐다면 관광객들이 그것을 보면서 지나가게 된다. 외국인들은 물론 한국인 관광객도 많이 찾는 유럽의 유명 관광지를 우리의 쇼케이스showcase로 만드는 전략이었다. 이것은 비싼 광고비가 들어가는 어떤 광고보다 더 큰 효과를 발휘할 수 있다.

고품격 콘텐츠를 기술로 담아내다

오스트리아의 수도 빈은 모차르트, 베토벤, 슈베르트 등 세계적인 음악가들의 활동 무대였기에 '음악의 도시'로 알려져 있다. 이곳에 음악의 도시를 대표하는 '빈 국립 오페라극장Wien Staatsoper'이 있다. 영어식으로 '빈 오페라 하우스'라고도 하는데 현지어인 '슈타츠오퍼Staatsoper'는 '국립 오페라극장'이라는 뜻이다.

'빈 국립 오페라극장'은 1869년 개관해 모차르트의 〈돈 조반니〉로 막을 올리며 수많은 공연을 열어왔다. 작곡가 구스타프 말러Gustav Mahler, 1860~1911가 오랫동안 이곳의 지휘자이자 음악 감독을 맡았으며, 지금도 매일 1~2회의 오페라와 발레 공연이 열리는 세계 최대의 레퍼토리를 가진 극장이다. 공연은 이 극장 전속인 '빈 필하모닉 오케스트라Wiener Philharmoniker'가 반주를 담당하는데, 연 300차례의 오케스트라 연주가 있다. 정통 오페라와 클래식 발레만을 공연하는 이 극장에는 120명에 이르는 전속 발레단이 있어서 발레 공연 또한 유명하다.

2012년 2월 16일 슈타츠오퍼에서 거행된 Vienna Opera Ball 공연과 함께
삼성TV로 구스타프 클림트 특별전을 개최

우리는 이런 공연을 TV와 연결하기로 하고, 2013년 10월 '삼성 스마트 TV'에서만 이용 가능한 빈 국립 오페라극장 앱App을 출시했다. 오페라와 발레의 공연 실황을 생중계와 VOD(주문형비디오)로 제공했다.

이 앱으로 모차르트의 〈마술피리〉, 차이콥스키의 〈호두까기 인형〉 등 7개 작품을 서비스하기로 했다. 이 앱은 스마트폰과 태블릿을 통해 한국어, 영어, 독일어로 자막도 제공한다. 당시 책정 가격은 작품 1회당 14유로였는데 한국에서도 약 2만 원

UHD 영상으로 만나는 오페라와 발레 공연

정도의 비용으로 오페라 생중계와 VOD를 볼 수 있었다.

이 앱의 제작과 출시는 장기간에 걸친 '빈 국립 오페라극장'과의 파트너십을 통해 이루어졌다. 삼성은 이 극장의 주요 후원사로, 6월에는 푸치니Puccini의 오페라 〈라 보엠〉 공연 실황을 UHD 영상으로 제작해서, 오페라극장 내에 전시된 UHD TV로 상영해 호평을 받았다.

2013년 9월, 이곳을 방문하는 사람들이 반드시 찾아가는 공간인 '구스타프 말러 홀'에서 '오페라 앱'의 론칭 행사를 열었다. 많은 사람이 참석했는데 유럽총괄이었던 나 또한 그 자리에 있었다. 극장장 도미니크 마이어Dominique Meyer도 참석했는데, 그는 프랑스 파리의 오페라극장(오페라 가르니에)의 극장장general director을 지냈고, 한국의 지휘자 정명훈을 파리 바스티유 오페라의 음악감독으로 지명한 사람이기도 하다.

그날 참석한 100여 명이 극장에서 실제 공연하는 베르디Verdi의 오페라 〈아이다〉를 삼성 스마트 TV로 함께 체험했다. '오페라 앱'을 통해 고품격의 문화콘텐츠를 TV로 접하게 했다.

극장장 도미니크 마이어는 그해 12월 한국을 직접 방문해 삼성 관계자를 만나기도 했다. 중국에서 출시할 중국형 TV에도 이 앱을 탑재하기로 했다. 이 앱은 네덜란드 암스테르담에서 열린 2014년 '국제방송통신박람회IBC'에서 특별상을 수상했다.

좌절하지 않는 도전 의식

삼성전자의 파리 주재원으로 근무할 때의 일이다. 파리는 미술의 천국이기도 하니 주말이 되면 미술관에 자주 갔다. 그때 특히 노르웨이의 표현주의 화가 에드바르 뭉크(Edvard Munch, 1863~1944)의 작품이 좋아서 프랑스어로는 아피쉬affiche라고 하는 예술작품 포스터를 많이 모았다.

그래서 뭉크의 고향인 노르웨이로 아내와 함께 여행을 떠났다. 연휴 때였다. 먼저 오슬로를 거쳐 베르겐Bergen까지 올라갔다가 다시 오슬로로 돌아와서 그곳에 있는 뭉크 미술관Munch Museum에 갔다. 그런데 그 직전에 여행 경비로 가져온 현금이 거의 바닥나서 카드로 현금을 찾으려고 자동화 기계에 넣었는데, 그 무렵에는 카드를 잘 사용하지 않을 때라서 카드의 비밀번호를 세 차례나 틀리게 입력했다. 그랬더니 기계가 내 카드를 삼켜버리고 내놓지 않는 상황이 되었다.

그래서 겨우 돌아갈 여비밖에 없는 상태로 뭉크 미술관에 갔다. 삼성에서 내가 배운 것은 불가능은 없다는 것이어서 돈이 없다고 물러설 수는 없었다. 미술관에 가서 내 사정을 관계자에게 이야기했더니 잠시 후 미술관 관장이 나와서 내 얘기를 전해 들었다면서 미술관의 모든 것을 직접 설명해주었다. 내가 사고 싶었던 포스터도 몇 장 주었다. 내게 감동적인 호의를 베풀어 주었다.

훗날 내가 유럽총괄이 되어 스칸디나비아에 간 적이 있다. 그때 뭉크 미술관에 방문하여 오래전 이야기와 함께 감사를 표현했고 아울러 삼성과 뭉크 미술관의 문화적 협력 관계를 제안했다.

'불가능한 것은 없다'는 문화는 사실 삼성의 지금 이 성공의 배경이다. 부작용이나 문제점도 있겠지만 그런 정신이 순기능을 한다면 무한한 도전 의식, 좌절하지 않고 노력해서, 어떻게든 원하는 것을 이루어낼 수 있다.

3부

대담한 도전을
위하여

문화의 같음과 다름, 유럽 각국의 창의성

해외에서 사업에 성공하려면 현지의 언어, 문화, 역사 등에 대한 철저한 이해가 필요하다. 예를 들어, 라틴의 정서에는 스페인어로 '오늘 아니면 내일Hoy o mañana', '뭐가 되든, 될 것이다o que será, será' 같은 표현처럼 느긋함이 있다면, 스칸디나비아의 정서는 아주 작은 것이라도 원리 원칙대로 지키는 등 서로 다르다. 그래서 유럽을 총괄할 때 나는 유럽의 각 법인장들을 불러놓고 유럽 전문가를 초대해서 '같음과 다름'이 있는 유럽 각국의 역사나 문화에 대한 특강도 몇 번씩 듣게 했다.

영업 마케팅의 경우에도 서울의 본사가 좋아하는 것, 유럽의 보스가 좋아하는 것, 그 나라 현지인이 좋아하는 것이 같을 수도 있고 다를 수도 있다. 그래서 일방적으로 밀어붙이면 안 된다. 영국에서 대단한 인기를 얻은 것도 프랑스에서는 코미디 같은 우스운 것이 되고, 프랑스에서 성공한 광고를 영국에서 보여주면 혐오스럽다고 하는 것이 있으니 문화의 같음과 다름에 대한 이해가 필요하다.

이것은 마케팅뿐만 아니라 경영에서도 무척 중요하다. 일례로 네덜란드의 직원들은 구내식당에 세탁기, 건조기를 놓아주었더니 좋아했지만, 프랑스나 벨기에의 직원들은 구내식당에 그런 것은 필요 없으니 오븐을 놓아달라고 했다.

법인장들에게 언어 교육도 강조했다. 몇 단어가 됐든 그 나라의 언어를 익히려고 노력하는 모습이 중요하다고 말이다. 역사나 문화에 대한 체험도 필요하다. 그래서 정기적으로 문화여행도 실시했다.

유럽의 여러 나라를 다녀보니 배울 게 많았다. 창의성의 성격도 나라마다 달라서 다양한 창의성이 있었다. 영국은 상업적 창의성이 돋보였다. 뮤지컬, 스포츠 등 모든 콘텐츠를 상업화, 수익화하는 콘텐츠 머니타이제이션content monetization에 아주 뛰어났다. 프랑스의 유명 영화제인 칸 페스티벌의 오너도 영국 사람들이다. 프랑스와 이탈리아는 예술적인 창의성이 돋보였다. 문학적인 창의성, 예술이나 음악의 창의성은 놀기 쉬운 기후의 지역보다는 많이 사색할 수 있는 자연환경을 가진 아일랜드, 영국, 독일이 우세했고, 아주 인간적인 창의성은 초선진국인 스위스나 스웨덴이 뛰어났다. 이런 나라에서는 인간에 대한 편의성, 상업적 편의성에 대한 창의적인 발명품이 많이 나왔다.

삶에서 중요하다고 꼽은 것은, 프랑스는 휴가나 바캉스였고 영국 사람들은 정원, 독일이나 스칸디나비아 사람들은 건강, 이탈리아나 라틴 사람들은 자신을 치장하는 것 또는 멋지게 보이는 것이었다. 나라마다 가치관이 다른 만큼 중요시하는 것들도 당연히 달랐다.

1장

글로벌 시대의 핵심 성공 요인

글로벌 시대를 향한 마인드셋

내가 프랑스의 그랑제콜로 공부하러 갔던 1996년 무렵은 한국과 한국 기업 삼성의 비약적인 발전에 관해 세계 여러 나라에서 관심을 보이던 시절이었다. 나는 한국에서 온 학생이었고 또 삼성에 재직 중이다 보니 학생이나 교수들이 내게 질문을 많이 했다. 때로는 교수님의 강의 중에도 한국의 비약적인 발전에 관한 주제가 다루어졌다.

미래 경제에 관한 매크로 분석 강의에서, 20~30년 후 세계 경제의 상위 3위권이나 5위권, 그리고 1위 국가를 예측하는 자료를 보여주었다. 그때의 통계자료에 한국이 상위 3위나 5위 안에 들어 있었다. 그저 주관적인 생각이나 견해가 아닌 실질적인 통계자료와 연구자료들이었다. 그 시절에 이미 급부상하는 국가로 한국을 주목하고 있었다. 떠오르는 아시아 국가 중에서도 특히 한국의 잠재력을 높게 평가했다.

그리고 거기에 공부하러 온 학생들 대부분이 학업을 마치고 나서의 미래 진로에 관심을 가지고 걱정을 하는 데 비해 나는 삼성의 지원을 받는 학생이라 상대적으로 여유로운 상황이었다. 그런 덕분에 나는 학교 수업에만 매달리기보다는 동료 학생들과 어울리는 시간을 자주 가졌다. 학교에서도 그랬고 그들과 함께 교외에서 자전거를 타면서 어울리기도 했다.

동료 학생들을 초대해서 파티도 열었다. 다른 학생들보다 나이가 조금 더 많았던 터라 나는 학생과 교수의 중간쯤으로 내 역할을 자처했다. 덕분에 여러 나라에서 온 학생들과 가깝게 지낼 수 있었고 그들과의 교류는 글로벌 마인드를 한층 더 열어나갈 수 있는 촉매제가 되었다.

한국에서 온 유학생도 있었다. 그는 우리 집에서 자주 밥을 먹어서 미안했는지 어느 날은 학교 캠퍼스 옆 옥수수밭에서 옥수수를 잔뜩 따가지고 왔다. 그런데 알고 보니 가축 사료용이라고 해서 먹지는 못했다. 나중에 그는 국내 대기업의 최고경영자가 되었다. 그들 중 몇몇은 지금도 연락하고 지낸다.

그때 나는 회사에서 월급도 받았고 주거비와 생활비까지 지원받았는데 얼마 후에 한국에서 IMF 사태가 발생했다. 갑자기 돈이 들어오지 않았다. 상상도 하지 못했던 일이었다. 회사에서는 돈이 없어서가 아니라 국가에서 외화 반출을 금지한 까닭에 송금할 수 없다고 했다. 어쩔 수 없이 타고 다니던 자동차를 팔고, 지인의 도움도 받으면서 겨우 학업을 마무리한 뒤 한국으로 돌아올 수 있었다.

다양한 문화에 대한 이해

프랑스에서 내가 거친 그랑제콜 과정은 학문이나 지식의 차원보다는 글로벌 시대에 지녀야 할 생각의 정립 과정, 글로벌 시대를 향한 '마인드셋mindset'을 익히는 과정이었다. '마인드셋'은 한 사람 이상 또는 집단이 가치관이나 철학을 바탕으로 견고하게 조직되는 것이어서 강력한 효과를 만들어낸다. 그런 사고방식이나 철학을 바탕으로 나는 현장에서 '국제적인 인재 Global Talent'들과 함께할 수 있었다. '글로벌 탤런트'는 문화적 다양성에 대한 이해와 포용력, 변화를 통한 문제해결 능력을 갖춘 인재다.

삼성에서 나는 국제화에 대한 투자와 교육을 통해 국제적 역량을 더 갖추게 되었고 글로벌 비즈니스맨으로 거듭날 수 있었다. 프랑스에서 그랑제콜 과정을 마치고 돌아와 합류하게 된 '미래전략 그룹'도 국제화의 일환이었다. 삼성이 뽑은 외국인들과 한국에서 함께 일하며 성과를 만들어내는 과정은 또 한 번의 새로운 경험이기도 했고, 교육받은 것을 활용한 실전이기도 했다. 그렇게 나는 '미래전략 그룹'에서 5년간 외국에서 온 인재들과 함께 일했다.

그 과정에서 발견한 핵심적인 것 하나가 현지인(외국인)에 대한 이해였다. 더불어 살며 성과를 낼 수 있는 길의 첫 번째는 서로 다른 문화를 알고 이해하고, 서로 사랑하고 존경하는 단계로 나아가는 것이다. 서로 다른 문화, 그 '다름'이 오히려 시너지 효과를 발휘한다. 서로 다르기 때문에, 어울려 돌아가기 시작하면 훨씬 더 큰 효과를 낼 수 있다.

팩트 데이터

우리나라 시장이 아닌 다른 나라의 시장에서 지평을 넓히고, 발전하고, 성장하려면 다른 문화에 대한 적응이 중요하다. 그러나 그것은 막연한 생각만으로 될 일이 아니다. 그 나라를 알기 위한 현장 조사와 확인이 반드시 선행되어야 한다. '팩트 데이터Fact data'를 가지고 그 나라의 역사와 문화, 그 나라 사람들의 행동을 이해해야 한다. 그래서 나는 '팩트 데이터베이스 마케팅'을 강조했다.

삼성은 늘 두 자릿수의 성장, 두 배의 성장에 익숙해 있었다. 그렇게 훈련받았던 터라 회사의 상급 부서나 윗사람이 "내년에 두 배로 성장하는 거지?"라고 물으면, 우리는 언제나 가능하다고, 도전해볼 만하다고 응답했다.

그런데 현지인들, 유럽의 선진국에서는 왜 두 자릿수 성장을 해야 하는지, 그것에 관한 생각이 우리와 달랐다. 우리는 두 자릿수 성장을, 그것의 실현 가능성에 대한 여부를 떠나서 더 큰 목표를 향한 도전이니 칭찬받을 만한 긍정적인 것이라고 생각했다. 그런데 현지의 외국인들은 아니라고 하니, 해이하거나 배가 부르거나 하는 관점으로 보였다. 나중에 알고 보니 이는 모두 국가 발전 과정에서 겪는 일이었다.

선진국 사람들은 고성장이나 두 자릿수 성장이 절대적인 선은 아니라는 그들만의 사회적 경험이 있었다. 그래서 그들과 우리의 입장이나 견해 차이 때문에 부작용이 발생할 수 있다. 그런 차이를 무시하고 무조건 내가 옳다고 밀어붙이기보다는 정반합의 과정을 거쳐서 최적의 방향을 찾아야 한다.

그러지 않으면 내가 어떤 메시지나 신호를 주었을 때 그것이 정반대로 해석되는 결과가 나오기도 한다. 실제로 어떤 신호가

정반대로 해석되는 사례를 여러 차례 경험했다. 같은 광고에 대해 영국과 프랑스는 서로 다르게 반응하기도 한다. 한쪽에서는 열광하는데 다른 쪽에서는 혐오스럽다고 한다. 겨우 40킬로미터 바다 건너편의 나라인데도 서로 다른 반응을 보였다.

현지 직원들의 마음을 움직이는 일

현지 직원들의 주인의식

현지의 외국인 직원들의 성과를 최대한 끌어올려야만 결국 내가 원하는 결과에 도달할 수 있다. 그래서 현지의 우리 직원들이 가장 관심을 두는 것이 무엇인지를 먼저 알려고 노력했다. 그리고 현지인들이 자기 회사라는 주인의식을 갖게 하는 것이 중요하다고 생각했다. 정도의 차이가 있겠지만, 기업 경영에서 가장 중요한 것은 직원들이 내 회사라는 주인의식을 갖고 일하는 정도의 합이나 곱이 경영의 성과로, 역량으로 나타난다는 점이다.

경험을 통해 그렇다는 것을 보고 느꼈기 때문에 나는 현지인 직원들에 대한 이해와 주인의식 함양에 힘썼고, 그것을 출발점으로 삼아서 많은 것을 할 수 있었다. 해외 법인의 경우 본사에서 파견 나온 주재원, 그 지역의 우리 교포들, 그리고 현지인이라고 부르는 그 나라 사람들, 이렇게 세 범주의 사람들이 함께 일한다. 그런데 각각의 범주 사이에 서로 이해관계가 달라 갈등이 발생하는 경우가 종종 있다. 서로 다른 이들을 조화롭게 하는 것이 나의 과제였다.

글로벌 경영에 있어서 국내 기업의 글로벌 오퍼레이션은, 그곳 시장에서 얻고자 하는 것을 어떻게 가장 지혜롭게 효율적으로, 전략적으로 얻을 것인가에 관한 성찰이 필요하다. 과거의 영국이나 프랑스 등 제국주의적 경영과 비교해서 생각해보자면, 영국의 식민지 정책과 프랑스의 식민지 정책 사이에는 분명 차이가 있다.

제국주의 시대에는 현지의 사람들이나 그 지역을 키우겠다는 생각은 별로 하지 않았고, 현지의 인력들 또한 믿지 않았던 것 같다. 영국은 현지에 병원과 학교를 세워 중장기적으로 시장의 규모를 키우는 등 현지화에 더 충실했다.

현지인들을 중심으로, 그들이 정말 내 회사라는 마음으로 일해야 한다는 생각을 꾸준히 피력한 결과, 내가 법인장으로 있을 때 프랑스 법인은 삼성전자에서 현지화의 대표적인 사례가 되었다. 전 세계에 나가 있는 삼성의 해외 법인 중에서 프랑스 법인은 최고재무관리자Chief Financial Officer, CFO가 현지인이었던

드문 경우였다. 소위 '돈주머니'인 재무를 현지인에게 맡긴 것이
다. 이후 삼성전자에서 현지 출신 법인장도 다섯 명이나 나왔
다. 그전까지는 삼성에서 해외 법인의 사장은 거의 다 한국 사
람이었다.

필리프 바첼레 ⓒstrategies.fr　　　　카를로 바를로코ⓒforbes.it

삼성그룹에 '자랑스러운 삼성인 상'이라는 게 있는데, 우수한 직원을 격려하는 영예로운 상으로 회장님이 수여했다. 나는 그것도 현지의 외국인들 몫으로 돌렸다. 그렇게 내가 근무하는 동안 프랑스 법인의 필리프 바뜰레Philippe Barthelet, 이탈리아 법인의 카를로 바를로코Carlo Barlocco가 이 상을 받았다. 그전에는 주로 한국 사람들이 받아왔었다.

내 비서도 현지인이었다. 통상은 법인장의 비서로 한국 사람을 두는 경우가 많았다. 하지만 나는 부임하자마자 항상 현지인으로 바꾸었다. 나는 한국 사람이지만 현지의 회사처럼 비추어지는 게 옳다고 생각했기 때문이다.

아름다운 퇴장이 있어야 미래가 있다

이렇듯 우리가 사업을 펼치고 있는 그 나라의 우리 직원들이 자기 회사라는 주인의식을 가지고 일하는 것이 가장 이상적인 상태라는 것이 내가 지닌 철학 또는 생각이다. 하지만 그동안은 한국에서 파견 나온 사람들이 거의 모든 업무를 주도해나갔다. 어쩔 수 없는 현실이었다.

물론 본사에서 해야 하는 부분이나 한국 사람이 해야 할 부분이 있는 건 사실이지만, 나머지는 현지인들이 주인의식을 가지고 하도록 해야 한다. 그래서 나는 현지인들 중심으로 조직

체계와 의사결정 체계를 갖추고, 대외적으로 전면에 나서는 일도 그들에게 직접 맡겼다. 조직 문화 측면에서도 한국 사람들이 주인 행세를 하지 않도록 여러 가지 노력을 기울였다.

시시때때로 나는 한국인과 현지인이 조화를 이루면서 상승작용을 일으키는 '시너지'를 강조했다. 그런 분위기를 조성하려고 격려도 많이 했다. 그렇게 서로 어울리다 보니 정도 많이 들었다. 프랑스는 2010년, 유럽은 2013년에 떠났는데 지금도 1월 1일 아침이면 내게 전화하는 분이 있다. 프랑스 법인에 있던 자크 몰레Jaques Mollet라는 분이다.

내가 영국 법인장으로 있다가 프랑스 법인장으로 갈 때의 일이다. 프랑스 법인에는 오래 근무한 직원들, 나이 든 사람들이 많았다. 과거 파리 주재원 시절에 함께 일했던 분들이었다. 프랑스 법인장으로 발령받아 다시 가서 보니, 그분들은 여전히 회사에 대한 애사심과 주체적 책임의식인 오너십Ownership을 가지고 있었다. 그러나 그런 직원들을 아날로그 시대의 옛날 사람으로만 보는 시각이 있었다.

나는 우리 직원들에게 "작은 회사든 큰 회사든 회사 경영에 있어서 인간관계에는 아름다운 퇴장이 있어야 미래가 있다"는 내 생각을 자주 이야기했다.

리더십의 변화도 분명 필요한 일이다. 하지만 이렇게 회사에

삼성 프랑스 법인 창립 20주년 기념 파티에 이미 은퇴하신 첫 합자사 크리스찬 빠이요 전 대표를 초대,
삼성 직원인 자크 몰레와 베르나 보당도 함께 하였다.

'오너십'을 갖고 일한 직원들의 아름다운 퇴장이 없다면 잃는 것이 더 많을 뿐만 아니라 미래도 보장할 수 없을 것이다. 그 해결책으로 나는 조직에 승진 체계를 한두 단계 더 만들어서 오래 근무한 직원들에게 업무 영역을 더 넓혀주면서 한 단계 승진하는 모양새를 갖춰주었다.

그 밑에서 부하직원으로만 일했던 '넘버 2', '넘버 3'들은 각각의 부문에 장 자리를 만들어 점차 자연스럽게 아름다운 퇴장이 가능하도록 했다. 내 임기의 몇 년 동안을 그들이 잘 활용할 수 있게 한 것이다. 나의 이런 조치에 그들은 또 감사를 표했다.

앞에서 잠깐 말했듯 유통업체 다띠 사장이 은퇴할 무렵 우리는 그분을 레스토랑으로 모셨다. 이후 그 사장의 후임으로 온 '스코닉'이라는 사장을 만났다. 그는 은퇴하는 전임자를 잘 대해주어 고맙다고 말하면서 우리 회사의 스테판 코트Stephane Cotte라는 TV 담당자 이야기를 꺼냈다. 얼마 전에 스테판과 저녁식사를 했는데, 그 자리에서 SCM(supply chain management: 공급망 관리) 시스템을 빨리 만들어달라며 줄기차게 얘기하는 바람에 새벽 1시까지 붙잡혀 있었다고 했다. 그러면서 스테판이 그만큼 열심히 일하니 우리 회사에서 귀하게 대했으면 좋겠다고 했다. 실제로 현지인 직원들은 그렇게 열심히 일했다.

감사하게도 나와 함께했던 현지인들은 열정을 가지고 일했다. 프랑스 법인장이었을 때는 휴일에 내가 사무실에 나가면 직원들이 보고 혹시라도 부담을 느낄까 싶어 몰래 잠깐 들렀다가 나오곤 했다. 그러던 어느 날 사무실에 갔다. 경비원만 있을 줄 알았는데 사무실에 나와 있던 직원과 마주쳤다. 조금 나이가 든 여성 직원인데, 느슨한 복장으로 커피잔을 들고 자리로 가고 있었다. 그녀는 "한국에서 출장 온 사람이 있어서 휴일이지만 오늘 꼭 일해야 한다"고 했다. 프랑스 현지인들에게 휴일 근무는 상상조차 할 수 없는 일이었다.

그렇게 현지인들이 진심으로 내 회사라는 주인의식을 가지고 일한 것이 성공의 요인이었다. 그들도 밤을 새워 일했다. 아내가 출산을 했는데도 가격협상을 진행하고 있기도 했다. 특히 프랑스 사람들은 휴일에 쉬어야 한다는 생각이 철저하다. 그런데도 휴일에 밖에서 만나 업무 관련 논의를 하자는 직원도 여럿 있었다.

사실 처음에는 그 지역의 문화나 사정을 완전히 알지는 못했다. '축구? 왜 그것을 주요 대상으로 삼아야 하나?' 처음에는 그렇게 생각했다. 프랑스에 대해서는 배경지식이 있었지만, 영국에 대해서는 완전하게 알지 못했다. 자동차 운전석도 오른쪽에 있으니 그것부터 낯설었다. 그런데도 그곳에서 성과를 이룬 배경에는 내가 중요하게 생각했던 '현지화, 로컬화'라는 것이 있었다.

그런데 세계화, 현지화라는 것이 향후 나아갈 방향인 것은 맞지만, 그렇다고 급하게 '하드랜딩' 방식으로 실행하다 보면 무리가 따르거나 현실적이지 않을 수 있다. 본사 한국인과 주인의식을 가진 현지인과의 조화로운 경영 방식인 '소프트랜딩'이 더 효과적이다.

한편, 당시 우리나라 기업들은 세계화를 실행하는 과정에서 현지인에 대한 이해 부족으로 현지인들의 주인의식을 도모하는 데 다소 부족한 측면이 있었다. 특히 선진국에서는 이렇다 할 성과를 내지 못하고 있었는데, 그 주된 이유는 아마도 현지에서 좋은 인재를 얻지 못했기 때문이 아닌가 싶다. 많은 일들이 한국의 본사 중심으로 돌아가다 보니 현지인들의 마음을 얻지 못했고, 그러니 우수한 인재를 확보하기에 어려움이 있었다. 현지인들이 자부심과 의욕을 가지고 자신들의 회사라는 생각으로 일할 수 있어야만 그 기업이 성공할 수 있다.

한국 주재원을 위한 현지화

나는 한국에서 파견나온 주재원들도 현지를 깊게 이해하고 체험해야 한다고 강조했다. 언어의 구사력을 떠나서 몇 단어라도 현지어를 쓰라고 했고, 유럽 법인장들도 각국에 대한 문화와 역사를 이해하도록 했다. 또한 주재원들과 현장 곳곳을 다니며 이해하도록 했다.

주재원들과 다 같이 1박 2일 프랑스의 유명 와이너리(Winery: 포도주 양조장)에도 갔다. 최고의 레드 와인이라고 말하는 보르도 지역의 페트뤼스Petrus 와이너리에도 가보았다. 그리고 또 다른 최고 와인인 브르고뉴의 '로마네 콩티' 와이너리에도 갔다. 세계적인 명품 와이너리의 포도 재배와 와인 제조 과정에 대해 살펴보며 프랑스 문화에 대해서 더 많은 이해를 하게 되었다.

예술을 더 이해하기 위해서, 화가 빈센트 반 고흐Vincent van Gogh가 머물다가 삶을 마감한 오베르쉬르우아즈Auvers-sur-Oise에도 가보았다. 파리에서 한 시간 정도의 거리에 있다. 빈센트가 생의 마지막 70일을 머물렀던 라부 여관Auberge Ravoux부터 시청, 성당 등 그의 작품에 등장하는 곳을 둘러보았다.

새해 첫날 베르사유 궁전 앞에 모두 모인 적도 있었다. 별궁인 트리아농Trianon의 정원에서 기마전을 벌이기도 했다. 노르망디Normandie 지역에 가서 1박 2일의 역사 문화 체험도 했다.

서유럽에는 농촌관광이 활성화되어 있다. 농가 주택을 이용한 관광숙박시설인데 프랑스를 중심으로 독일, 오스트리아, 영국, 스위스, 이탈리아 등에 지트(Gîtes: 숙소들)라고 부르는 네트워크가 있다. 프랑스에서는 '지트', 독일에서는 '농장에서의 휴가Urlaub auf dem Bauernhof', 영국에는 'Stay On Farm', 이탈리아에서는 '관광농업Agriturismo'이라고 한다. 이런 농가 주택에 가서 숙박하기도 했다.

문화를 이해하는 경험이 필요하다. 그 나라를 알고 이해해야 존중할 수 있고, 사랑받을 수 있다.

현지인들에게도 한국과 삼성을 알려야

진정한 현지화와 직원들의 주인의식을 위해서는 무엇보다 우선 내가 현지인들을 이해할 필요가 있었다. 그래서 영국에 부임했을 때는 영국인들이 가장 중요하게 생각하는 영국에 관한 것이 무엇인지 주변인들에게 물어보았다. 그랬더니 영국인들은 '역사와 전통을 소중히 생각하고 사랑하는 사람들'이라는 답변이 돌아왔다. 그들이 무엇을 소중하게 생각하는지를 이해하는 것이야말로 그들과 함께하는 첫걸음일 것이다.

그렇게 현지인들과 어울려 함께 생활하다 보니 난처한 일도 종종 발생했다. 영국과 프랑스는 역사적으로 배타적인 관계여서, 영국과 프랑스 중 어느 나라를 더 좋아하느냐는 질문을 받으면 난처할 수밖에 없다. 영국 법인장으로 있다가 프랑스 법인장으로 떠날 때인데 바로 그다음 달에 영국과 프랑스의 럭비 올림픽이 파리에서 열릴 예정이었다. 그때도 영국 법인의 직원들이 여지없이 난처한 질문을 던졌다. "어느 나라를 응원할 거예요?"

나는 현지인 직원들에게 "당신이 최고로 잘한다"고 격려하면서 "나는 당신이 필요로 하는 것을 도와주러 온 사람"이라고 누누이 말했다. 그렇게 시간이 좀 흐르자 그들이 도움을 청할 일을 하나둘씩 가지고 왔다. 그것을 내가 도와주면 그들이 성과를 냈다. 당신이 나보다 훨씬 일을 잘하니 스스로 처리하고, 도움이 필요한 일만 내게 얘기하라고 했다. 그런 과정을 거치며 그들은 성장하고 성과를 냈다. 그리고 그들의 성과는 결과적으로 기업의 성과로 이어졌다.

일방적으로 우리가 현지만 알아야 한다고 생각하지는 않았다. 현지인들도 우리 한국과 삼성을 알고 이해해야 한다고 생각했다. 우리의 현지인 직원에게도, 거래처 관계자에게도 그렇게 말했다.

우리의 현지 거래처 가운데 '딕슨앤커리Dixons & Currys'라는 영국의 대표적인 전자제품 유통매장이 있다. 그 당시 딕슨앤커리의 세바스천 제임스Sebastian James 사장은 옥스퍼드 대학 출신으로 영국 총리 데이비드 카메론David Cameron의 친구이기도 했다. 나는 그에게 한국과 삼성에 대해 많은 것을 이해시키려고

세바스천 제임스 ⓒretailgazette.co.uk

했다. 그가 서울에 오면 식사 중에 한글도 가르쳐 주었는데 짧은 설명이었음에도 불구하고 한글을 읽을 줄 아는 게 놀라웠다. 또한, '호암미술관', '리움미술관', 삼성연수원 등에 가서 한국의 문화와 예술을 소개하면서, 우리가 역사와 전통을 가진 나라임을 알려주었다.

외국인들에게 한국에 대해 알려주는 일은 물론이고 한국을 자랑스럽게 내세우는 일도 필요하다. 요즘에는 전 세계가 한국 문화인 'K-Culture'에 열광하지만 내가 일할 무렵에는 태동기였다. 그래서 한류를 좋아하는 사람들을 한국 홍보대사인 'K-Ambassador'로 임명해서 우리 문화나 음식 등을 소개하게 했다. 프랑스 요리사 에릭 프레숑에게도 한식 레시피를 건네주었다.

고객의 마음을 사로잡는 일
—

프랑스에서는 노키아를 상대로 성과를 많이 냈다. 전해 들은 이야기로는 내가 법인장으로 있던 기간에 노키아 프랑스 법인장이 세 번이나 바뀌었다고 한다. 몇몇 일본 경제지에서도 내게 심층 인터뷰를 요청했다. 우리가 일본을 앞선 배경이 무엇인지를 알아보려고 했다.

프랑스 법인장으로 있을 때 삼성전자의 윤종용 부회장께 업무 보고를 한 적이 있다. 내 보고는 주로 성과 중심이었는데, 프랑스 법인이 해외에서 유일하게 1등을 하고 있으니 내가 프랑스에서 했던 것처럼 다른 법인들도 그렇게 한다면 1등을 할 수 있겠다고 했다. 그러고는 성과의 원인에 관해 다음에 다시 보고하라고 했다. 다시 보고하면서 첫 번째로 꼽은 성공 요인은 바로 '현지화'와 '주인의식'이었다. 두 번째로는 제품과 기술의 차별성과 우위성을 꼽았다. 그런데 이것은 내가 할 수 있는 영역이 아니라 본사의 개발과 생산의 영역이니, 내가 할 수 있는 것은 다른 것이라는 점을 덧붙였다.

소비자들에게 제품의 기술적 차별성과 우수성보다 더 큰 가치는 무형의 자산이다. 그것은 바로 브랜드 이미지, 기업에 대한 가치라고 말할 수 있다. 내가 할 수 있는 일은 그것에 대한 것이라고 보고했었다. 내가 중점을 두고 해야 할 일, 그것은 바로 고객들의 마음을 사로잡는 일이었다. 마음을 사로잡기 위해서는 먼저 감성적인 유대가 필요하다. 유대나 접합을 이룬 후 거기에 사랑이 듬뿍 담기면 사랑받는 브랜드, 소비자들의 관점으로는 '내 브랜드'가 된다.

귀임하면서 삼성전자 전체의 마케팅 총책임자CMO가 된 배경도 앞서 말한 고객의 마음을 사로잡는 감성적인 접합의 관점 때문 아니었나 생각된다.

3년 연속 마케팅 그랑프리

프랑스 법인장이었을 때, 서울에서 삼성전자 전체의 마케팅 경연대회가 열렸다. TV, 냉장고, 휴대전화 등 각 부문의 국내 사업부뿐만 아니라 해외 법인의 마케팅 관계자들이 다 참여해 삼성전자 내에서 누가 최고의 마케팅을 했는지를 가려 뽑는 행사였다. 거기서 프랑스 법인은 3년 연속 1등, 그랑프리를 수상했다.

마케팅 경연대회에서 3년 연속으로 1등을 했으니, 3가지 마케팅 우수 사례가 있었던 것이다. 그중 하나는 프랑스에서 벌였던 휴대전화 마케팅이었다. 프랑스에서 대통령 선거를 앞두고 대선 공약을 발표할 때였다. 대선 공약은 국민의 마음을 얻기 위해 국민을 향해 발표하는 몇 가지 주요 항목으로 구성된다. 그때 우리는 프랑스 대선 공약을 바탕으로 삼성전자가 전하고 싶은 메시지를 대선 공약과 절묘하게 연결해서 공약처럼 광고했다. 핵심 콘셉트는 '약속을 지키는 지도자'였다.

마케팅 대상을 받은 두 번째 것은 프랑스 '뉘 블랑쉬' 축제와 연계한 마케팅이었다. 프랑스 파리의 시민 200만 명을 삼성의 세일즈맨으로 만든 사례였다. 세 번째는 '창의적인 마케팅으로 사랑받고 존경받는 브랜드를 만들기'에 관한 것이었는데, 이때 언급한 여러 가지 중에서도 나는 현지인이 주인의식을 가지고 내 회사처럼 일하는 것을 강조했다. 이런 마케팅 성공 사례는 《삼성전자 50년사》라는 책에도 두 건이 포함되어 있다.

런던 히스로 공항, 파트너십을 통한 종합적인 판매 전략

내가 영국 법인장이었을 때 런던 히스로 공항Heathrow Airport의 5터미널이 새로 건설되었다. 히스로 공항의 네 개 터미널 1, 2, 3, 4가 모두 오래되었고 혼잡하다는 불만이 폭주했기 때문이다. 새로 공항을 짓게 되면 그 안에 설치할 대형 모니터가 필요하다. 공항에 가면 누구나 올려다보는 출발이나 도착, 탑승구 안내가 실시간으로 나오는 대형 모니터로 이것을 LFD^{Large Format Display}라고 한다.

새로 생긴 5터미널에는 대형 모니터 1,300대가 필요했다. 한 대당 가격이 꽤 비싸다 보니 그것을 판매하려는 경쟁이 전쟁과도 같았다. 우리는 정보를 입수하고 곧바로 종합적인 전략을 짜서 진입하기로 했다. 히스로 공항과 전략적 파트너십을 강화하자는 전략이었다.

히스로 공항의 운영 주체는 영국공항공단^{British Airports Authority}인데 공항을 새로 지을 때부터 우리는 그들과 전략적 파트너십을 맺었다. 새로운 공항에 필요한 여러 가지 IT 솔루션 등의 기기들을 우리가 제공하고 동시에 그들에게 매우 중요한 공항의 광고사업에 우리가 주된 파트너가 되어 함께하자는 것이었다.

공항의 비즈니스 중에서 가장 큰 것은 광고다. 그래서 런던 히스로 공항 내외의 모든 광고를 전부 우리가 장기간 파트너가 되어 함께하겠다고 제안했다. 항공관제 시스템의 첨단화를 위해서도 함께하고, 최첨단 공항이 될 수 있는 IT 관련 기술이나 서비스, 모바일 기기나 태블릿으로 공항 이용객들에게 편의를 제공하는 파트너가 되겠다고도 했다.

마침내 대형 모니터 LFD 1,300대를 통째로 수주 받아 판매

런던 히스로 공항에 설치한 LFD ⓒbrowninnovations.com

할 수 있게 되었다. 그래서 회사에서 B2B 영업 대상을 받았고, 3,000만 명이 이용하는 국제공항이 우리의 광고로 뒤덮였으니 그 효과도 대단해서 광고영업 대상까지 받았다.

2장

기업도 사회의 일원으로서 해야 할 역할이 있다

스무 시간을 울며 떠났던 프랑스 입양아

내가 프랑스 법인장으로 갔을 때, 삼성의 프랑스 사무실은 파리의 생드니Saint-Denis라는 곳에 있었다. 그곳은 파리의 외곽 지역으로 우범 지대였다. 파리의 부도심 지역인 라데팡스La Défense에 있다가 직원 수가 늘어나면서 더 넓은 건물을 찾아 조금 외곽으로 나간 것이었다.

그곳은 공항으로 가는 대로변이라 사람들이 많이 지나다녀서 광고하기는 좋았다. 우리는 건물을 둘러싸서 삼성 휴대전화나 TV 광고판으로 이용했다. 하지만 북아프리카 이주민이 많

생드니에 있었던 삼성전자 ©foursquare.com

이 모여 사는 지역이어서 치안 상태가 좋지 않았고 범죄가 자주 발생했다.

우리 대사관에서도 거기는 우범 지역이니 한국 관광객에게도 조심하라고 하는 곳이다.그 동네에서는 오토바이를 타고 달려드는 자들에게 한국 사람들이 가방을 탈취당하는 일이 종종 벌어졌다. 우리 직원도 유사한 일을 당했다. 이후 우리는 사무실을 다시 시내로 옮겼다. 새로 옮긴 곳은 생투앙Saint-Ouen 지역으로 관광객들이 많이 가는 파리의 벼룩시장이 열리는 동네였다. 우범 지대인 생드니에서 조금 시내로 들어왔다.

생투앙의 삼성전자 ⓒfoursquare.com

그때는 내가 유럽총괄이었다. 옮긴 사옥에서 오프닝 행사를 하면서 플뢰르 펠르랭(Fleur Pellerin, 1973년 서울 출생) 장관을 우리 사옥으로 초대했다. 프랑스로 입양된 한국인으로 2012년 '중소기업 및 디지털 경제' 장관으로 임명되었는데 아시아계 최초의 프랑스 장관이었고, 한국 출신이어서 반가웠다.

한국 출신 프랑스 장관

플뢰르 펠르랭 ©wikipedia.org

프랑스에서 장관이 된 그녀를 처음 만났을 때, 사실 나는 여러 가지 감정이 교차했다. 1985년 내가 유럽으로 첫 출장을 가는 비행기를 탔을 때였다. 파리까지 가려면 스무 시간쯤 걸리던 시절이었다. 알래스카를 경유해서 건너가는 항로였다. 내 좌석 바로 앞자리에 앉은 아주머니가 아기를 안고 있었는데 그 아기를 앞 좌석에서 들어올려 안으면 뒤에 앉은 나에게 아기가 보였다. 아기는 한국을 떠나 프랑스로 가는 입양아였다. 그 아기는 스무 시간 넘는 그 항로를 비행기 안에서 내내 울면서 갔다.

아직 젊었던, 어린 나이였던 나는 가슴이 미어지는 듯 뭉클했었다. 그리고 나서 20년 후에, 울면서 갔던 그 아기와 다름없는 한국인 입양아 출신의 장관을 만났다. 밤새 울면서 갔던 그 아기가 떠올라 또다시 울먹해졌다. 플뢰르 펠르랭 장관은 생후 6개월이었을 때 프랑스로 입양되었다. 그녀는 자기의 뿌리에 대한 자부심을 지니고 있었고, 프랑스에서 자라면서 삼성에 대해서도 자랑스럽게 생각했다면서 삼성과 좋은 일을 해보고 싶다고 했다. 나도 그녀가 너무나 자랑스러웠다.

그래서 우리 '삼성'이, 장관님이 계실 때 프랑스 정부와 더 많이 소통하고 좋은 일을 하고 싶다고 전했다. 파리에 우리의 연구개발센터나 디자인센터를 만드는 등 프랑스 사람들이 좋아할 그런 것들을 하겠다고 말했다. "장관님도 우리 한국인으로서의 자부심을 더 느끼게 하겠다"고 했더니 크게 기뻐했다.

그 인연을 계기로 나는 펠르랭 장관 사무실로 또 한 번 찾아갔다. 그녀의 사무실은 센 강변에 있었다. 그녀는 센 강변의 아직 개발이 덜 된 지역에 벤처타운을 세우겠다는 자신의 계획을 이야기했다. 그곳을 미국의 실리콘밸리처럼 만들고 싶으니 삼성이 도와달라고 했다. 나는 그 프로젝트에 적극적으로 동참하겠다고 답했다.

이후 삼성은 연구기관과 창업을 지원하는 벤처 투자 조직을 그곳에 설립했다. 2019년에 문을 연 프랑스의 실리콘밸리, 벤처 또는 창업의 메카인 '스타시옹 에프Station F'이다.

STATION F

STARTUP PROGRAMS   SERVICES   HOUSING   EVENTS   NEWSROOM   EN ▾   APPLY

World's largest startup campus in Paris

Join a unique campus and community in the heart of Paris, with 1,000 startups, 30+ programs and a full range of services

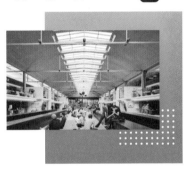

Empowering the next generation of entrepreneurs

LVMH   ▌▌ Microsoft

FOUNDERS   ⅂EDHEC

스타시옹 에프 ©stationf.co

성숙한 '기업 시민'으로 거듭나기

나는 문화 마케팅을 강조하면서도 '기업 시민'으로서의 역할을 삼성이 더 많이 해야 한다고 자주 이야기했다. 우리가 나가서 사업을 하는 그 나라의 오피니언 리더들과의 커뮤니케이션, 지역사회와의 커뮤니케이션 그리고 그곳 오피니언 리더들의 자문이나 의견을 수렴하는 것이 중요하다고 생각했다.

그것은 성숙한 기업 시민으로 더 성숙한 활동을 할 수 있는 기반이 된다. 한 사람이 성숙한 사람이 되려면 멘토도 필요하고 자신이 소속되어 있는 곳과 소통도 잘해야 하듯이 기업은 그저 사업이 전부인 기업체가 아니라 '기업 시민'이라는 사회적 존재가 되어야 한다.

이렇듯 '기업 시민'으로서 우리가 해야 할 역할이 있는데, 그 역할을 잘하기 위해서는 중요한 커뮤니티나 영향력 있는 단체, 비정부기구NGO 등과도 소통해야 하고 또 거기에 영향력을 미치는 인플루언서나 오피니언 리더를 우리의 조언자나 멘토로 모셔야 한다. 나는 그런 생각을 실천하기 위한 네트워크도 구축해나갔다.

프랑스의 보건복지부 장관도 만나고, 작가도 만나고, 당시 사르코지 대통령의 안보보좌관 알랭 바우어Alain Bauer도 만났

알랭 바우어 ⓒwikimedia.org

소피 부즐로 ⓒwikimedia.org

다. 알랭 바우어는 소르본Sorbonne 대학 출신의 범죄학자로 《프랑스 범죄의 역사》 등 무려 20권이 넘는 범죄학 분야 저서를 출간했다. 그는 매번 사르코지 대통령에게 나를 열심히 소개했다.

퐁피두 센터에서 함께 전시회를 보았던 프랑스 문화부 장관 크리스틴 알바넬도 그런 경우다. 그리고 청각장애인으로 태어났지만 모델로 활동하는 '미스 프랑스' 소피 부즐로Sophie Vouzelaud도 만났다.

서울대학교 미술대학을 다니다가 일본으로 건너가서, 물체 그 자체를 탐구하는 모노파(物派) 미술을 선도하면서 세계적인 화가, 설치미술가가 된 이우환 선생을 파리 몽마르트르의 작업실에서 만나기도 했다. 그는 '지식인으로서의 화가'를 강조하는 분으로 2007년 프랑스에서 '레지옹 도뇌르' 훈장을 받았다.

네덜란드 암스테르담에 있는 반 고흐 미술관Van Gogh Museum

에서 화가 빈센트 반 고흐의 동생 테오Theo의 후손도 만났고, 그분의 집에 초대도 받았다. 테오는 화가 빈센트가 사망한 1890년에 태어난 자신의 아들에게 형과 똑같은 이름을 지어주고 다음 해 사망했다. 테오의 아내 요한나Johanna는 남편이 남긴 형의 그림과 편지를 그대로 간직해서 전시회를 열었고, 편지도 출판했다. 이런 노력 끝에 마침내 화가 빈센트 반 고흐를 세상에 알리는 결정적인 역할을 해냈다. 그리고 네덜란드에 있던 남편 테오의 무덤을 빈센트가 묻힌 프랑스의 오베르쉬르우아즈로 옮겨서 두 형제가 영원히 함께하도록 했다.

화가 큰아버지와 똑같은 이름을 가졌던 조카 빈센트는 어머니의 뒤를 이어 1973년 암스테르담에 반 고흐 뮤지엄을 설립하는 등의 일에 매진하다가 1978년 세상을 떠났다. 반 고흐 뮤지엄은 네덜란드 정부가 설립했고, 조카 빈센트는 영구임대 형식으로 화가 빈센트의 작품을 뮤지엄에 양도했다. 이 뮤지엄에는 요한나가 끝까지 간직했던 빈센트의 그림 600점과 700통의 편지가 있다. 빈센트 최후의 작품 〈까마귀가 있는 밀밭〉도 여기에 있다.

국제 사회, 국제 조직과의 커뮤니케이션

나의 역할은 영업, 즉 물건을 많이 파는 것만이 아니라 사업

현장에서 기업 시민으로서의 책임과 의무도 다하는 것이고, 그러기 위해서는 그곳에서의 커뮤니케이션이 중요하다고 생각했다.

하지만 일반 고객은 소통의 대상으로는 너무 광범위했다. 그래서 우리 거래처들, 정부, NGO, 지역사회의 오피니언 리더나 인플루언서를 대상으로 소통을 해나갔다. 그러다 보니 유럽총괄로 있는 동안 한 해에만 50여 개국의 대통령, 총리, 장관들을 만나기도 했다. 하루에 총리, 부총리, 장관까지 세 사람이나 만난 적도 있었다.

특히 영국 총리 데이비드 캐머런David Cameron과의 만남은 인상적이었다. '다우닝가 10번지'라고 불리는 영국 총리의 집무실은 소박하고 검소했다. 화려하거나 웅장하게 지어진 건물이 아니라 런던 시내에서 흔히 볼 수 있는 일반적인 영국식 주택과 비슷한 형태의 건물이다. 총리의 관저 근처에 있는 국방부나 외교부 건물이 오히려 훨씬 더 웅장하다. 캐머런 총리는 "필요한 일이 있으면 무엇이든, 언제든지 연락하세요"라고 내게 말했다. 그는 자신의 엄지를 세워 자신의 귀 가까이에 대고 또 약지를 입 가까이에 대는 바디 랭귀지body language를 통해서도 "언제든지 전화하세요"라는 메시지를 전하는 모습이 국가 지도자라기보다는 세일즈맨 같은 느낌이었다.

나는 책임의식을 느꼈다. 지역이나 시간으로 보면, 삼성이 그 지역에 가서 사업을 한 지가 벌써 20년쯤 되었다. 그런데 그 나라 정부의 중요 인사들에게 삼성이 어떤 기업인지, 그리고 그 지역에서는 무엇을 원하는지에 대해 적극적으로 나서서 제대로 설명하고 물어보지는 못했던 것 같았다. 그래서 그런 소통을 목적으로 기관이나 정부의 인사들을 만나는 일에도 주력했다.

의외로 현지의 반응이 좋았다. 삼성이 그 나라에서는 주목할 만한 기업이었고, 내가 다가가서 그들과 소통하니 다들 반가워했다. 특히 유럽에서는 유럽연합European Union, EU이 중요한데 그 기관과 소통할 거점이 우리에게 없었다. EU 본부가 있는 브뤼셀은 시장이 크지 않아서 그곳에는 아예 우리의 거점을 만들지 않았었다. 소통을 위해서라도 거점이 있어야 했다. 그래서 본사를 설득해 브뤼셀에 오피스를 만들었다.

브뤼셀에 우리 사무실을 내자 EU의 유럽연합 집행위원회 European Commission 경쟁총국Directorate-General for Competition, DG COMP의 닐리 크루스Neelie Kroes가 기념개소식에 직접 찾아와 반갑다며 축사를 해주었다. 닐리 크루스는 네덜란드에서 장관을 지낸 여성으로, 구글이나 애플에게도 수십조 원의 벌과금을 부과할 수 있는 인물이어서 애플의 스티브 잡스나 구글의 에릭 슈미트도 두세 달에 한 번씩 찾아왔고, 새로운 모델이 나오면

닐리 크루스 ©wikimedia.org

이분에게 직접 그 제품을 보여주면서 설명했다고 한다.

닐리 크루스는 2004년부터 2010년까지 경쟁총국 집행위원장을 지내면서 마이크로소프트에게 4억 9,000만 유로의 벌금을 부과한 적도 있다. 2010년부터 2014년까지는 유럽연합 디지털 아젠더 집행위원회 부회장을 지냈다. 미국 경제지 〈포브스Forbes〉가 발표하는 '세계에서 가장 영향력 있는 여성 100인'에 여러 차례 선정되기도 했다. 우리는 그동안 그분의 영향력에 대해 제대로 몰랐는데 우리가 사무실을 냈더니 이분이 너무 반가워했다. 그 뒤로 좋은 관계를 유지하며 EU의 다른 집행위원들도 만나게 되었다.

우리는 그 지역사회의 시민이라는, 기업 시민의식으로 그 지역에 기여할 수 있는 일에 대해서 함께 의논했다. 지역마다 고용 창출이 중요한 곳도 있었고, 교육이 필요한 곳도 있었다. 교육이 필요한 지역에는 창업을 희망하는 청년들을 위한 IT 기술 교육, 어린이를 위한 스마트 기기 교육을 지원했다. 프랑스에서는 문화적인 후원을 많이 했는데, 상당수의 나라에서 어린이를

위한 '스마트 스쿨'을 좋아해서 교육용 태블릿 등을 많이 지원
했다.

이런 소통을 통해 내가 현지에서 구축했던 네트워크는 나중
에 서울로 돌아와 '글로벌 대관對官'이라는 업무에 활용할 수 있
었다. 그런 일을 제너럴 어페어general affairs, 글로벌 퍼블릭 어페
어global public affairs라고 하는데 당시 한국 기업에게는 낯선 것
이었지만, 글로벌 기업에는 다 있는 조직이다. 이후 삼성에서도
공공적public 조직과의 커뮤니케이션 조직을 만들게 되었고, 내
가 서울로 돌아오면서 책임자가 되었다.

글로벌 리더, 글로벌 오피니언 리더들과의 네트워크와 커뮤
니케이션은 매우 중요하다. 그런 차원에서 한번은 내가 주선해
서 유럽에서 '유럽연합 지도자 모임EU leader round'이라는 것을
만들기도 했다. 내가 그동안 알게 된 전직 대통령들, 장관들, 총
리들의 모임인데, 현직에 있는 사람은 가능하면 제외했다. 세계
무역기구WTO 사무총장 등을 초대한 이 모임에서 미래에 관한
주제, 삼성이 고심하고 있는 미래의 기술, 우리가 기여해야 할
것 등에 관한 토론과 자문이 이루어졌다.

1971년에 다보스 포럼Davos Forum을 창립해서 지금까지 포럼
의 회장직을 맡고 있는 스위스 경제학자 클라우스 슈바프Klaus
Schwab에게도 그런 식으로 우리가 약간의 영향을 끼쳤던 적이

2015년 글로벌 차일드 포럼에서의 연설 ©globalchildforum.org

글로벌 차일드 포럼을 설립한 스웨덴 국왕 부부와
유네스코 사무총장, 요르단 공주

있다. 그가 주창한 '4차 산업'이라는 주제는 우리가 그와 함께 세계를 향해 화두를 던진 것이었다.

사회적인 역할로 보람이 있었던 일 가운데 하나는, 스웨덴 스톡홀름에서 열린 국제 포럼에 참가한 일이었다. '글로벌 차일드 포럼Global Child Forum'은 스웨덴의 칼 구스타프Carl Gustaf 국왕과 실비아Silvia Renate 왕비가 설립한 어린이의 권리 증진을 목표로 하는 재단이다. 이 재단에서 주최하는 포럼이 스웨덴 왕궁에서 열리는데, 비즈니스, 정치, 시민사회, 학계의 글로벌 리더들이 참가한다.

나는 2015년 11월 이 포럼에 연설자로 참가해서 국왕과 가족들을 만났다. '교육의 미래를 위한 정보 접근과 국제 및 지역 협력'을 주제로, 정보 접근을 통한 교육의 미래, 기업의 사회적 역할과 협력, 혁신 기술을 통한 스마트 스쿨에 관해 연설했다. 이 포럼에 연설자로 참가한 사람은 유네스코 사무총장 이리나 보코바Irina Bokova, 프랑스 대사를 지낸 영국 외교관 존 홈스John Holmes, 국제 빈곤 구호기구 옥스팜Oxfam의 사무총장 위니 비아니마Winnie Byanyima 등이었고, 전 세계 글로벌 리더 300여 명이 참석했다.

경청의 리더십, 독일의 메르켈 총리

독일의 앙겔라 메르켈Angela Dorothea Merkel 총리는 묻고 경청하고, 다시 묻고 귀 기울이는, 보기 드문 정치인이었다. 자기 말만 계속하는 여느 정치인들과는 달랐다.

내가 처음 만났을 때, 메르켈 총리는 독일에서 열리는 제품 전시회에 관심이 많았다. 전자제품 분야의 세계적 전시회로는 미국 라스베이거스에서 열리는 소비자전자제품쇼Consumer Electronics Show, CES가 있고, 유럽에는 독일 베를린에서 열리는 국제가전박람회Internationale Funkausstellung, IFA가 있다. 올림픽이나 엑스포Exposition internationale, Expo처럼 개최 국가나 개최 지역에 엄청난 경제효과를 불러일으키는 이벤트다.

메르켈 총리는 독일 하노버에서 열리는 정보통신박람회 CeBITCenter for Bureau, Information, Telecommunication에 삼성의 참여를 부탁했다. 그래서 서울 본사와 협의해서 우리도 적극적으로 참여하게 되었다. 하노버에서 'CeBIT' 전시회가 열렸을 때 메르켈 총리가 우리 부스를 찾아왔다. 총리가 전시장에 오는 일도 흔치 않고, 참가한 수천 개 업체 중에서 몇 개 업체만 방문하는 것이 일반적인데, 메르켈 총리는 전시장에 오면 꼭 삼성을 방문했다. 그렇게 하노버에서 메르켈 총리를 두 번 만났다.

2014년 3월 하노버에서 메르켈 총리를 다시 만났다. 이번에

2014년 하노버 정보통신 박람회에서 삼성 부스를 방문한 메르켈 총리

는 메르켈 총리가 유럽연합EU 정상회의 의장과 함께 삼성 전시장을 방문했다. 당시 유럽연합 정상회의 의장은 폴란드 총리 도날트 투스크Donald Franciszek Tusk였다. 영국이 그해 'CeBIT'의 공식 파트너 국가였기 때문에 영국 총리 데이비드 캐머런도 함께 왔다. 대부분의 국제 산업 전시회는 매년 파트너 국가를 선정해서 파트너 국가의 산업을 크게 알리는 행사를 연다.

메르켈 총리는 역시 경청의 리더십을 지닌 분이었다. 그분은 우리 제품에 대해서 자세히 물었고, 더 궁금한 것들에 대해서 또다시 질문 던지면서 본인이 앞서 말하기보다는 내 이야기를 귀 기울여 들었다. 멀리서만 보면 그저 투박한 시골 아줌마 같은 분인데, 가까이에서 경청하는 그녀의 모습은 섬세하고도 특별했다.

내게 회사와 제품을 소개할 시간을 주어서 메르켈 총리 앞에서 잠깐 설명도 했다. 총리는 우리 제품을 직접 시연해보기도 했다. 나와 함께 전시장을 둘러보면서 한국에서 어떻게 삼성 같은 기업이 탄생했는지 궁금하다고 했다.

2013년 메르켈 총리는 러시아 상트페테르부르크에서 열린 G20 정상회의에서 한국의 박근혜 대통령과 만났다. 박근혜 대통령은 메르켈 총리에게 분단국이었던 독일이 '통일'을 이루었으니, 그 경험과 교훈을 가르쳐달라는 말을 했다고 한다. 그 자리에서 메르켈 총리는 어떻게 하면 독일도 삼성 같은 기업을 만들 수 있는지 알려달라고 되물었다고 한다. 내게도 똑같은 질문을 했는데, 그때 하노버에서는 그 질문에 답할 여건이 되지 않아서 설명해드리지 못했다.

3장

현장에 답이 있고 현장에 문제가 있다

'현장 경영'은 중요한 테마다. 삼성의 경영자들이 강조했고 나 또한 그렇게 하려고 노력했다. 현장에 답이 있고 현장에 문제가 있다. 책상 앞에만 앉아 있으면 현장의 문제는 보이지 않는다. 해결책도 안 보인다. 무조건 현장에 가야 한다.

특히 마케팅 분야는 광고 현장을 몇 번씩 방문해서 그 광고가 비용만큼의 가치나 효과가 있는지를 따져보아야 한다. 나는 그런 식으로 옥외 광고의 문제점을 종종 발견하곤 했다. 그 광고를 집행한 사람이 현장에 가서 살폈다면 결코 집행하지 않았을 것들이 내 눈에 자주 띄었다.

한번은 너무 화가 나서 직접 나서서 조사한 적도 있었다. 그

품목의 담당 주재원, 책임자, 관리 담당자, 그리고 그것을 제안해온 제일기획의 담당자까지 네다섯 명이 관계된 일이었다. 그래서 한 사람, 한 사람, 나에게 얘기해보라고 했다. 누가 현장에 가보았는지 물었더니 아무도 그곳에 가보지 않은 채 집행된 것이었다.

한편, 우리에게 가장 중요한 영업 현장은 우리의 숍, 매장이다. 매장은 우리의 마지막 승부처다. 매장에 가보면 우리가 얼마나 많은 공간을 확보했는지가 보인다. 다시 말하면 우리가 전쟁의 영토를 얼마나 많이 확보했는지가 보인다. 진열이 많이 그리고 잘되어 있어야 판매가 잘된다.

얼마나 보기 좋게 놓여 있는지도 중요하다. 소비자들이 가지고 싶은 마음이 들도록, 그리고 고급스럽게 놓여 있어야 한다. 그것을 디스플레이display라고 하는데, 이는 우리에게 가장 중요한 최종 성적표이기도 하다. 그래서 한국 본사의 최고경영자가 오면 반드시 가보는 현장이 바로 매장이다.

나는 우리 주재원들이나 현지인들에게 주말이든 휴가 때든 어딘가 가게 되면 우선 우리 제품이 있는 매장을 찾아가서 살펴보라고 했다. 내 경우, 시간적 여유가 없을 때는 가족과 역할을 분담하기도 했다. 아내는 가정 주방기기를 둘러보고, 아들은 IT 기기를, 나는 TV가 있는 곳에 가서 진열 상태를 확인했다. 우리 가족은 이미 익숙해져서 점검 결과에 관한 의견도 곧바로 나왔다.

디스플레이가 부실한 상황을 경영자들이 본다면 당연히 화가 날 것이다. 한국에서 정성껏 좋은 제품을 만들었는데 해외 현장에 가보니 제대로 진열되어 있지 않다면, 그 광경이 부끄럽기도 하고 원망스럽기도 할 것이다. 그래서 질책받는 경우도 많다.

유럽 구석구석 현장을 찾아서

유럽총괄로 있을 때 이탈리아 나폴리에 갔었다. 그곳 법인장이 말하길 그곳의 약 40~50%는 우리가 장악했다고 했다. 그런데 직접 가보니 장악률이 30~40%인 것 같았다. 그래서 현지 거래처와 저녁식사를 하면서 정확한 사정을 알아보기로 했다.

그때 만난 거래처 대표는 나폴리 마피아의 두목 같은 분위기를 한껏 풍기는 인물이었다. 법인장 얘기를 들어보니 나폴리에서 제법 큰 사업체를 가졌거나 부유한 사람들은 상당수 그런 분위기의 사람들이라고 했다. 나는 그에게 "고민이 뭐냐?"고 물어보았다. 그랬더니 "난 사업상 고민은 없다. 다만 아들이 정신을 못 차려서 좀 문제다"라는 답변이 돌아왔다.

나는 그에게, "삼성은 창업주 때부터 지금까지 사람의 소중함, 인재제일을 사업 모토로 생각해서 사람 교육시키는 데 많은 투자와 관심을 기울였다. 우리 그룹에 삼성 연수원이라는 곳이 있는데, 세계적인 기업들이 매년 많은 사람들을 보내서 삼성의 교육 시스템을 보고 배우고 간다. 나중에 당신의 아들도 한국에 데려가 삼성 연수원 같은 곳을 둘러보게 하고 우리가 훌륭한 사람이 되도록 도움을 줄 수 있다"고 말했다. 내 말을 듣더니 그는 자기네 매장에서 '애플'을 다 내보내고 앞으로는 '삼성' 제품을 들여놓겠다고 했다. 그야말로 '감정파' 이탈리아 사람다운 답변이었다.

프랑스에 있을 때는 나도 미처 몰랐던 곳에도 갔다. 프랑스의 영토 중에는 '톰Territoire d'outre-mer, TOM'이라고 부르는 해외 영토가 있다. 그 가운데 하나가 아프리카의 마다가스카르 옆에 있는 레위니옹La Réunion이라는 섬이다. 우리 제품을 판매하는 우리 영역이니, 멀리 그곳의 현장도 가서 살폈다. 프랑스 본토와 레위니옹은 마치 러시아 블라디보스토크에서 호주 시드니까지의 위치처럼 끝에서 끝에 이르는 먼 거리인데도 그저 동전 하나 넣으면 곧장 통화가 가능한 국내 전화로 본토와 연결되어 있었다.

레위니옹섬의 세인트 질 해안

근접 거리로만 따지면 남아프리카 공화국이 가깝지만, 법적인 문제 때문에 먼 거리인 그곳까지 프랑스 법인이 관장해야 했는데, 현장에 가보니 그곳은 프랑스와 다름없었다. 직접 현장을 살피지 않는다면 그 실체를 파악할 수 없기에 현장은 중요하다.

사그레스의 카보 비센테

유럽총괄일 때에도 현장 점검을 위해 먼 곳의 끝까지 다 살펴야 한다고 생각했다. 그래서 '유럽의 땅끝'이라고 하는, 포르투갈 남서쪽 끝의 사그레스Sagres에도 갔다. 리스본에서 300킬로미터쯤 떨어진 해안가다. 포르투갈이 대항해 시대를 연 출발지로, '항해왕자'로 알려진 엔히크Henrique, 1394~1460가 유럽 각국에서 조선, 항해, 천문학, 지도 제작 전문가들을 끌어모아 해양 탐사에 관해 연구하고 탐험 항해사를 지원해 아프리카와 대서양 탐사가 시작되었다. 500년 전 서양의 조상들이 그곳에서 두려운 바다를 건너 떠났던 배경에 대해 많은 것을 생각했다. '도전의 영역에 불가능은 없다'는 것을 마음속에 다시 새겼다.

지중해의 사이프러스Cyprus섬에도 갔다. 남북으로 분단된 나라로 한쪽은 튀르크계 다른 한쪽은 그리스계다. 그곳의 현장도 확인했다. 유럽의 북쪽도 우리에게는 많은 기회가 있을 지역이라는 생각에 스웨덴의 북극까지도 갔다. 북극의 얼음 호텔에서 하룻밤을 보내고 '서바이벌 증명서'도 받았다. 얼음 동굴의 밖은 영하 25도 이하이고 동굴 내부의 얼음 호텔 기온도 영하 5~10도다. 30개의 활화산이 있는 아이슬란드에도 갔다. 그렇게 추운 곳에서도 우리 제품인 휴대전화가 잘 작동되는지, 잘 팔릴 수 있는지 확인해보았다.

유럽의 남쪽 끝, 스페인 끝에 있는 영국의 해외 영토 지브롤터Gibraltar에도 갔다. 그곳에서 해협을 건너면 아프리카 대륙 모로코의 '탕헤르Tánger' 항구인데 배를 타고 1시간이면 갈 수 있다.

유럽총괄이었던 나는 영국, 프랑스, 독일뿐만 아니라 동유럽, 리투아니아 등의 현장까지도 직접 가서 확인했다. 현장에서 우리가 어떤 모습인지를 살펴보면서 경영했다.

1989년 파리 주재원 시절 알제리에 갔었다. 알제리는 1830년부터 1962년까지 프랑스 식민지였던 역사가 있었기에 프랑스 법인에서 북아프리카 시장을 담당한 경우이다. 그래서 알제리에 수주하러 갔었다. 유럽의 좋은 나라만 다니다가 그곳에 가보니 아주 힘들었다. 수주하러 다녀야 하는데 이슬람의 금식 기간, '라마단'이라서 종일 아무것도 먹을 수 없었다. '라마단'에는 해가 뜨는 새벽녘부터 해가 지는 저녁 무렵까지 1개월 동안 금식한다. 해가 지면 저녁식사를 할 수 있다.

뜨거운 날씨에 모래바람이 세차게 불었다. 수도인 알제Alger를 비롯해서 오랑Oran 같은 지방 도시에도 갔다. 본사 개발 분야의 사업부장인 임원을 모시고 갔는데, 알제리의 영빈관이라는 곳에서 우리를 초대해서 그곳에서 숙박했다. 영빈관이었으니 그곳에서는 가장 좋은 시설 가운데 하나였을 것이다.

모래바람을 맞고 다니다가 숙소로 돌아왔더니 우리가 특별한 손님이라며 음식을 내왔다. 식탁에 올라온 것은 양 한 마리였다. 밖에서 24시간을 구웠다며 양 한 마리가 통째로 올라왔다. 어떤 도구도 없어서 물어보았더니, 손으로 뜯어 먹어야 한다고 했다.

국빈급 숙소일 텐데 도마뱀 같은 것들이 방에 마구 나타나서 잠을 자다가 기절할 듯 놀라기도 했다. 저녁에도 물이 나오지 않았는데 다음 날 아침에도 수돗물이 나오지 않았다. 그래서 멀리까지 밖으로 나가서 물을 구해오기도 했다.

그렇게 지내다가 돌아가는 비행기에 올랐다. 여권 검색 등의 절차를 모두 마치고 이미 비행기에 오른 상태였는데, 비행기가 이륙하지 않았다, 잠시 후 누군가 들어오더니 우리를 향해 밖으로 나오라고 했다. 끌려가는 분위기였다. 그렇게 비행기 밖으로 끌려 나갔고 비행기는 떠나버렸다.

알고 보니 우리는 '남한' 사람이라서 비행기 밖으로 끌려 나온 것이었다. 그들에게 남한은 적으로 간주하는 적성국가敵性國家였다.

그래서 알게 되었다. 알제리가 오랫동안 프랑스의 지배를 받다가 독립했을 때, 그들의 독립을 인정해준 최초의 국가 가운데 하나가 북한이었다. 알제리는 독립과정에서부터 북한의 지원을 받았고, 1962년 독립 후에는 공산주의 노선을 채택했기에 북한

과는 특별한 우호관계를 유지했다. 이후 오랫동안 남한에는 적대적이었다.

알제리와 북한은 거의 혈맹 같은 국가였다. 1970년대 초에 비동맹회의가 알제리에서 열렸는데 그때 우리나라 외무부 장관도 인질처럼 억류되어 있었다고 한다. 1980년대 후반부터 알제리와 남한의 통상 관계가 조금씩 이루어졌고, 1990년이 되어서야 공식 외교관계를 수립했다.

우리는 오후 내내 억류되어 있었다. 하지만 별다른 잘못이 없었으니 나중에 비행기에 오를 수 있었다.

현장을 다니는 일이 항상 순탄한 것만은 아니었다.

준비 없는 미래는 없다

미래에 대한 준비가 필요하다. 높은 성장을 하면서 계속 1등을 하다 보면, 자만해질 수밖에 없고 현재에 머물게 된다. 배울 것이 없어진다. 더 나아가야 할 공략 대상이 사라진다. 그래서 나는 또 미래에 대한 준비를 위해 유럽의 파트너들과 함께 '미래 포럼'이라는 것을 조직했다. 알프스 산장의 미슐랭 3스타 레스토랑에서 모임을 열었다. 삼성의 CEO, 우리의 거래처들과 함께 유럽의 유명한 미래학자를 초대했다. 삼성이 준비하는 미래 기술, 미래학자들이 생각하는 미래, 우리 거래처의 사장들이 준비하고 있는 미래에 관한 토론을 벌였다.

삼성은 외국에서 영입해 온 우수 인재들로 구성된 '미래전략 그룹'을 운영했다. 나는 거기에서 그들을 이끄는 전자 부문 프로젝트 책임자로 일했다. 그때 내가 진행했던 프로젝트 가운데 하나로 '십 년 후 프로젝트'가 있었다. 쉽게 말하자면 '삼성전자, 십 년 후에 무엇을 먹고살 것인가'라는 문제를 다루는 프로젝트였다.

1999년 새로운 밀레니엄을 앞두고 우리는 미국 매사추세츠 공과대학MIT의 네그로폰테 미디어 연구소MIT Media Lab, 스위스의 미래연구소 등을 방문하면서 10년 후의 미래에 대해 심층적으로 살펴보았다. 그런 과정을 통해 우리는 10년 후 미래에 관한 프로젝트에서 착용형 웨어러블wearable 센서, 홍채 인식기술, 디지털 기술을 이용한 헬스 케어health care, 사이버 보안security, 구부리거나bending 둥글게 감는rollable 플렉시블 디스플레이 flexible display 등을 미래의 주요 기술로 예측했었다. 그때 우리가 정리했던 이런 미래 기술은 오늘날 실제로 현실이 되어 있다.

페이스북Facebook의 창업자이며 최고경영자인 마크 저커버그 Mark Zuckerberg가 2014년 한국의 삼성전자를 방문했을 때 그를 만났다. 우리는 그가 휴대폰과 페이스북을 연계하는 것과 같은 무엇인가를 이야기할 것으로 생각했었다. 그런데 그의 주 관심사는 핸드폰이 아니었다. 당시는 좀 낯선 3D안경, 요즘으로 보면 가상세계 분야만 집중적으로 이야기 했다.

바로 그 무렵에 저커버그는 가상현실 기술 기업인 오큘러스 VROculus VR을 인수했는데, 우리와 만났던 그날 오큘러스의 최고 책임자도 저커버그와 함께 왔다. 저커버그의 관심사는 새로운 미래 기술에 있었다. 이후에 그는 페이스북의 기업 명칭을 메타Meta로 바꾸었다. 메타버스metaverse라고 불리는 가상·증강현실 기술을 이용한 미래 버전의 온라인 공간 구축이나 인공지능AI로 나아갔다.

세계 최고를 향해서

나는 주로 유럽에서 일했지만 진짜 혁신은 미국 실리콘밸리에서 이루어진다고들 하니 실리콘밸리에도 가보았다. 혁신의 현장을 볼 수 있는 업체들, 구글 캠퍼스에도 갔다. 미국에서 마케팅을 가장 잘한다는 회사도 방문했다. 끊임없이 배워야 한다.

내가 유럽총괄이었을 때 한국 본사 CEO의 유럽 방문 일정에 덴마크, 네덜란드, 스위스를 넣은 적이 있었다. 서울에서 경영진이 올 경우 주로 큰 나라의 생산 현장을 중심으로 일정을 짜는데 나는 그런 현장과는 거리가 먼 나라들로 일정을 짰다. 누군 가에게는 시골 농가를 구경하러 가는 느낌이었을 수도 있겠지 만, 그 CEO는 그 이유를 충분히 이해할 만한 분이었다.

디자인은 중요한 부가가치를 만드는 가치 동인Value Driver이 다. 스칸디나비아의 나라들에서도 배울 점이 있지만 덴마크의 디자인 또한 유명하다. 그분께 그렇게 말씀드렸더니 "그럼, 스 위스는 왜 일정에 넣었나?"라고 물었다.

스위스는 초선진국이니 그 사람들이 무엇에 관심이 있는지, 그들의 라이프스타일이나 비즈니스스타일에서 우리가 혹시 배 울 점이나 얻을 점은 없을지를 살펴보자는 것이었는데, 그때 스 위스에서는 벌써 환경, 물 등에 대한 관심이 많았다. 스위스 국 회의원은 다 무보수로 봉사하고 있었고, 신문 기사에는 동물 원의 곰이 지금 아프다는 소식이 톱뉴스로 다루어지고 있었다. 이렇듯 우리와는 관심 사항이나 미래에 대한 준비가 다르다는 점 등을 말씀드렸다.

네덜란드는 공급망 관리SCM의 극한이었다. 극한이라는 말은 초단납기 대응이라는 뜻이다. 꼭 필요한 만큼만 가지고 있다가 최적의 시간, 최적의 비용으로 공급한다. 원가 절감과 소비자 만족까지 한꺼번에 이루어진다. 바로 그런 공급망 관리를 통해 삼성전자가 현재 극한의 원가 경쟁력을 갖게 된 것이기도 한데,

그 CEO가 바로 그것을 주도하신 분이다.

극한의 SCM을 볼 수 있는 곳이 바로 네덜란드의 꽃시장이다. 네덜란드 꽃시장에서는 2시간 만에 모든 것이 끝난다. 전 세계로 수출하는 튤립을 한두 시간 사이에 모두 처리한다. 금세 시드는 꽃을 전 세계로 수출하는 꽃시장의 공급 시스템은 놀라웠다. 그분은 유럽 순방을 마치고 서울로 돌아간 뒤에 전 세계의 생산 법인장들에게 꽃시장을 방문해보라는 지시를 내렸다고 한다.

스위스에서는 초명품 시계 판매점으로 안내했다. 그런데 몇몇 사람이 "그런 명품 시계 살 일도 없는데……" 하며 안으로 들어가지 않으려고 해서 내가 직접 모시고 들어가 그 매장이 어떻게 생겼는지 구경해보라고 말씀드렸다. 사업을 책임지는 분들에게는 매장의 디스플레이나 디자인을 보여주려고 했다. 세계 최고급 매장의 종업원은 어떻게 고객을 응대하는지, 그 매장은 어떻게 구성되어 있는지 살펴볼 필요가 있다. 명품 패션 업체라고 해도, 우리와 업종이 달라도, 그들이 잘하는 점이 있다면 배워야 한다.

네덜란드 꽃시장

초격차를 향한 대담한 도전

내가 늘 견지했던 것은 1등 자리를 차지해서 지키겠다는 생각이 아니라 두 배로 하겠다는 마음이었다. 그래서 현지인 책임자와 함께 우리의 목표를 두 배 성장으로 잡았다. 다행히 내가 부임한 이후 이후 삼성의 시장점유율이 노키아의 두 배로 확대되었다. 당시 삼성의 시장점유율은 아직 노키아의 절반에 불과했지만 어쨌든 우리는 두 배의 성장을 이루어냈다. 진심으로 자랑스러웠다.

이후 한국에 들어와 당시 최고경영자들, 무선사업부장께도 자랑스럽게 보고를 했는데 칭찬을 하지 않았다. 우리나라 국내에서는 점유율이 60~70%이고, 인도에서는 노키아가 70%인데, 두 배로 성장했다고 자랑 삼아 얘기한다면서 오히려 질책했다. 그리고는 "끝나고 내 방으로 와"라고 했다. 그분 방으로 갔더니 그제야 금일봉을 주시며 칭찬해주었다. 그러면서 거기서 머물지 말고 더 도전하라고 했다.

그러겠다고 약속은 했지만 비행기를 타고 유럽으로 돌아가면서 내심 고민이 들었다. 우리가 두 배의 성장을 이룬 것은 자랑스러웠다. 그 당시 다른 데에서는 전혀 하지 못했던 일이었다. 하지만 여기서 더 도전해야 한다는 말을 어떻게 해야 할지

난감했다.

현지인 직원들의 마음을 움직이고 그들이 공감해야 하는데 뭐라고 해야 통할까를 고민했지만, 확실한 정답을 찾지 못한 채 서울에서의 일을 그대로 이야기했다. 더 큰 도전을 해야 한다며 "우리가 이번에 노키아를 두 배 이상 이겼지만, 그것보다 더 큰 도전을 해야 한다"는 말을 본사에서 들었다고 전했다.

너무한 거 아니냐는 저항이 있을 줄 알았는데, 부서원들 모두 유명 산악인과 함께 알프스산 정상에 오르면서 정신력을 강화하겠다며 2박 3일 워크숍을 하고 돌아왔다. 그 무렵이 내 생일이었는데, 팀 전원이 새로 부여된 도전을 달성하겠다고 서명한 무슨 선서 비슷한 것을 내게 생일 선물로 건넸다. 결국 프랑스에서 시장점유율 70% 정도까지 이루어냈다. 그런 과정에서 현지인들의 무한 열정을 느낄 수 있었다. 그들에게 고마웠다.

유럽총괄에 부임하여 2011년에서 2013년에는 전에도 없었고 지금까지도 없는 전무후무한 결과를 만들어냈다. 나라별로 점유율이 60~70%에 도달한 것이다. 부임 당시 100억 달러 남짓이었던 매출도 매년 두 배 이상 성장해 2013년에는 400억 달러에 육박하는 3배의 성장을 이루어냈다. 대담한audacious 도전, 끝없는 도전이었다.

쉬운 일이 아니었다. 함께 일했던 후배들이 지난날을 회상하며 "그때 우리가 하루에 1억 달러씩 했어요!"라고 말한 적이 있다. 실제 이 기록은 삼성전자의 해외지역 총괄 매출 중에서 최고였다고 한다.

엄청난 도전, 엄청난 성과였다. 대담한 도전은 초격차를 향한 극한의 도전이다. 나의 도전은 도전한 만큼 이루어졌다. 도전하지 않으면 이루어지지 않는다.

우리에게 열정은 덧셈이 아니라 곱셈이다

나는 삼성에서 있으면서 늘 도전했다. 영국 법인장 시절에 나는 '의지가 있는 곳에 길이 있다Where there's a will, there's a way'는 격언을 내 사무실에 적어놓았다. 프랑스 법인장 시절에는, '불가능이라는 말은 프랑스어가 아니다Le mot impossible n'est pas français'라는 말을 붙여놓았다. 과거에 일본 사람들이 자기네 중심으로 '내 사전에 불가능은 없다'라고 번역하는 바람에 우리에게도 그렇게 알려졌는데, 1808년 스페인과의 전투에서 나폴레옹Napoleon Bonaparte이 했다는 말이다.

　그런 정신은 내 개인적이라기보다는 삼성의 문화, 그리고 한국인의 근성이기도 했는데, 결국은 추진 동력이 되었다. 열정은 덧셈이 아니고 곱셈이다. 한국인은 곱셈이 되는 열정을 가진 민족이다. 내가 해외에서 경험해보니 열정은 또 전파되는 것이었다. 그래서 여유로움에 취해서 열정이 식어버린 유럽 사람들도 우리의 열정을 타고 열정의 불꽃을 다시 피워올렸다. 그러면서 그들은 우리 편, 우리와 하나가 되었다. 가라앉았던 그들의 열정을 우리가 일깨운 것이다. 그렇게 그들은 우리보다 더 열정적으로 일했다.

이미 세상은 세계화, 글로벌 시대가 되었기 때문에 세계의 무대에서 달려야 한다. 그러기 위해서는 나만의 것보다는 나와 다른 것에 대한 이해와 사랑이 필요하다. 일본이나 미국은 나 혼자서만 잘살아도 되는 부자 나라일 수도 있지만, 우리 한국은 더불어 살아야 한다.

나는 삼성이 일류를 지향해야 하며, 최고를 향해 도전하기 위해 초일류가 어떤 것인지 살펴봐야 한다는 이야기를 많이 했다. 명품 마케팅, '프레스티지prestige 마케팅'을 하려면 초일류에 대한 이해와 노력이 필요하다. 도전도 마찬가지다. 감히 이루어내지 못할 정도의 높은 목표에 도전해야 한다. 그래서 단지 무엇을 이긴다는 목표가 아니라, 두 배로 이기겠다는 목표를 세웠다. 우리는 아예 비교하지 못할 정도까지 목표를 높였다.

젊은이들은 늘 새로운 것을 보고 배워야 발전한다. 직장생활에서 경험해보니, 신입사원으로 똑같이 시작했는데도 나중에는 저마다의 격차가 발생했다. 배우고자 하는 욕망이 있는 사람,

즉 자신의 부족함을 아는 사람과 그렇지 않은 사람을 비교해 보면 몇 년 뒤 그들 사이의 격차가 드러난다. 열린 생각으로, 무엇이라도 배우려고, 부족함을 알면서 일하는 젊은이들은 빠르게 성장했다. 기업 경영에서도 성공의 방정식에 함몰되면 안 된다.

최근에는 젊은 창업자들이 열심히 노력하는 것을 보면서, 그들이 지난 세대 선배들에게서도 배울 것이 있다는 것을 깨달아야 한다고 생각했다. 수용력이나 흡수력이 뛰어나서 학습하고 성장하는 기회를 놓치지 않는 젊은 창업자도 있다. 아날로그 시대 선배들에게서의 배움이 곧 성공의 길이라는 보장은 없지만, 그들은 비교할 수 없을 정도의 많은 경험을 지니고 있다. 그들에게도 분명 배울 점이 있다.

지난 세대는 성공 방정식에 도취해서는 안 되지만, 젊은 세대는 또 그것을 과거만의 성공 방정식으로 치부해서는 안 된다. 열린 마음으로 받아들여서 배워야 한다. 그런 젊은이들은 발전한다. 젊은이들은 많은 것을 보고 경험해야 한다. 한국만이 아닌 해외 또는 해외 시장으로 나가서 많은 것을 경험하고 도전해야 한다.

새로운 분야와 세계를 향한 도전은 자신의 성장을 가능케 하는 값진 기회가 될 것이다. 두려워하지 말라! 제 자리에 머물러 있는 것은 발전을 유보한 것과 같다. 머물거나 멈추지 않고 새로운 곳을 향해 도전한다면 무엇이든 이룰 수 있다!